#heimat
GRILLBUCH

GERHARD VOLK · ULF TIETGE

BORN TO GRILL

team tietge.

APÉRO

Es gab eine Zeit, da waren Deutschland und Österreich in Sachen Grillen und Barbecue noch echte Entwicklungsländer. Ob in München oder Tirol, in Hamburg oder dem Ruhrgebiet: Es gab Bierduschen und Aschepanaden, wahre Höllenfeuer und immer wieder verkohltes Fleisch. Garpunkt? Glückssache!

All das ist Geschichte. Der Grill ist dabei, das Auto als wichtigstes Statussymbol unserer Gesellschaft abzulösen. Man diskutiert nicht mehr über Seitenschweller und Gewindefahrwerke, sondern über Seitenbrenner und Drehspieße. Es ist schick geworden, wenn man als Connaisseur ganz genau weiß, wo Fleisch oder Fisch herkommen und dass die Tiere ein gutes Leben hatten. Dieser gelebte Respekt ist ein wichtiger Teil unserer neuen Grillkultur. Und weil wir alle tief in unserem Inneren Wettkampftypen sind, lassen wir uns ausbilden, inspirieren, grillen wie die Weltmeister und wagen uns an immer anspruchsvollere Projekte: ein Beef Brisket vielleicht? Kalbsbäckchen aus dem Dutch Oven? Lachs vom Räucherbrett? Oder sogar eine Eistorte vom Rost?

Grillen ist Lifestyle

So lecker das alles ist: Es erklärt nicht allein, warum Grillen so beliebt ist. Denn 97 Prozent der Deutschen grillen gern. In neun von zehn Haushalten gibt es mindestens einen Grill und allein für Grillfleisch wurden im vergangenen Jahr rund 1,2 Milliarden Euro ausgegeben. Die Zahl derer, die mehrmals wöchentlich grillen, hat sich binnen fünf Jahren fast verdoppelt, die der Jede-Woche-Griller hat um ein Drittel zugelegt. Allein mit der einfachen und schnellen Zubereitung von Essen lässt sich das alles nicht erklären – eher schon mit einem Lebensgefühl.

Grillen schenkt Freude

Denn suchen wir nicht alle nach Feierabend nach einem Ritual, um den Tag aus den Knochen zu schütteln? Nach einem kreativen Ausgleich, der Spaß macht und beim Abschalten hilft? Grillen ist genau das – und mehr. Denn der Grill belohnt uns, schenkt Freude und weckt schlummernde Ur-Instinkte: Uuuh! Uuuh! Ich habe Feuer gemacht!

Für all das braucht man immer wieder neue Inspiration. Deswegen haben wir den Corona-Lockdown genutzt, um die besten Grillmeister aus Deutschland und Österreich für dieses Buch zu begeistern. Mit Feuereifer sind wir gemeinsam drangegangen und haben neue Rezepte entwickelt oder echte Klassiker neu und zeitgemäß interpretiert. Uns ging es darum, ein Grillbuch aufzulegen, das Anfänger und Profis gleichermaßen begeistert. Mit Ideen, die man im Handumdrehen umsetzen kann, und mit Rezepten, die einem einen wundervollen Tag am Grill bescheren. Wir haben auf genaue Rezepte mit exakten Grammangaben viel Wert gelegt, damit auch wirklich jedes einzelne gelingt. Denn darum geht es bei diesem Buch. Dass Ihr Feuer fangt und sagt: Boah! Das ist ja saulecker!

Gerhard Volk & Ulf Tietge, im September 2020

Verleger Ulf Tietge (li.) und Kocholympionike Gerhard Volk sind Freunde, Grillmeister und die Herausgeber von Born to Grill

INHALT

Stefan Hilberer

Patrick Bayer

Patrick Speck

Marcel Lange

Christian Rohde

Susanne Tietge

Mirko Schweiger

Silvia Bursche

Stefan Schneider

Bärbl Hasenöhrl

Marco Stolze

Ulf Tietge

WIR SIND
BORN TO GRILL!

Stefano Esposito

Barbara Garms

Tobias Walker

Carsten Dorhs

Marco Korte

Bernhard Reiser

Thomas
Glanzmann

Bart Mus

Gerhard Volk

Marcel Ksoll

Kai Menzenbach

Stephan
Zwikirsch

Roberto
Venturino

FÜR DIESES BUCH HABEN WIR ÜBER MONATE HAND IN HAND
GEARBEITET: GRILLMEISTER, GRAFIKER UND AUTOREN.

WIR HABEN VIEL HERZBLUT IN UNSER GEMEINSAMES WERK GESTECKT
UND WÜNSCHEN EUCH VIEL FREUDE MIT UNSEREN REZEPTEN UND
GUTES GELINGEN AM GRILL!

DIE PERFEKTE
AUSRÜSTUNG

GRILLZUBEHÖR GIBT ES JA WIE SAND AM
MEER. ABER: WAS BRAUCHT MAN WIRKLICH?
UND WORAUF SOLLTE MAN ACHTEN?

Neulich im Baumarkt: Wo man früher Bohrmaschinen oder Schrauben gekauft hätte, stehen jetzt Grills und Zubehör auf einer Fläche, auf der man gut auch Fußball spielen könnte. Es gibt alles: vom Spareribs-Halter über die Gemüsekörbe bis zur Eiswürfelform mit Grillsilhouette. Wow!

Das Wichtigste: ein Thermometer!
Um richtig tolle Ergebnisse am Grill hinzukriegen, kommt man aber auch mit weniger aus. Dass es einen Grill braucht – logisch. Die Vor- und Nachteile der verschiedenen Typen erläutern wir ab Seite 20. Hier aber geht's ums Zubehör. Das wichtigste Werkzeug ist ein Thermometer, am besten elektronisch. Ob man eines mit App und Wecker braucht, entscheidet jeder selbst. Beim Grillbe-

steck: Achtet auf Stabilität und trennt Euch von Fleischgabeln. Ein gepierctes Steak wird schnell trocken. Aluschalen verwenden wir als Hitzeschilde (meist mit Wasser gefüllt) und als behelfsmäßige Räucherkörbe im Gasgrill. Nie aber sollten Fleisch, Fisch und Co direkt in Aluschalen gegart werden, daher nehmt Backpapier zu Hilfe.
Bei Grillhandschuhen setzen wir auf Stoff, um die Dinger auch mal waschen zu können. Richtig universell einsetzbar wird Euer Grill mit einer Plancha für alles, was sonst durch den Rost fällt, und einem Dutch Oven für Schmorgerichte. Für Hähnchen sind Hähnchenhalter einer Bierdose unbedingt vorzuziehen und dann braucht Ihr eigentlich nur noch ein paar Räucherchips, um so ziemlich alle Rezepte in diesem Buch nachgrillen zu können. Viel Vergnügen!

HÜHNERHOCKER
fangen Fett auf und sind zudem
super zum Backen geeignet

THERMOMETER
sind unverzichtbar, um gute Ergebnisse beim Grillen zu erzielen

PLANCHA
Universell einsetzbar: für Gemüse, Fisch, Krustentiere und mehr

GRILLHANDSCHUHE
aus Stoff kann man gut waschen.
Daher ziehen wir sie Leder vor

HOLZLÖFFEL
Unverzichtbar, weil schonend zu allen beschichteten Oberflächen

SEAR GRATE
Perfekt für scharfes Anbraten und ein tolles Grillmuster

HOLZCHIPS
30 Minuten wässern, dann gibt es den besten Rauch

GRILLBESTECK
Die Schaufel für Pattys, die Zange für Steaks und Co.

GRILLBESEN + BÜRSTE
Um nach der Pyrolyse die Asche vom Rost zu fegen

WOOD WRAPS
Wie bei Grillbrettern auch: vor Verwendung 30 Minuten wässern

UNSER KLEINES

GRILL LEXIKON

A wie Atomic Buffalo Turds sind mit Frischkäse gefüllte Jalapeños, gern mit Bacon umwickelt

B wie Bark bezeichnet die mit Rub eingeriebene Kruste, die beim Grillen ensteht

C wie Coleslaw ist der typische amerikanische Krautsalat. Unverzichtbar für Pulled Pork!

D wie Dry Rub ist eine Trockenwürzmischung, mit der Fleisch eingerieben wird, ehe es damit im Kühlschrank ein paar Stunden ruhen darf

E wie einbrennen ist für gusseiserne Geräte wie Gussroste oder Dutch Oven vor der ersten Verwendung wichtig. Geht gut mit Palmin!

F wie Fall of Bone sind Rippchen, wenn das Fleisch beim Berühren quasi vom Knochen fällt

G wie Glaze ist eine zuckerhaltige Sauce, mit der man kurz vor Ende der Garzeit das Grillgut glasiert (siehe auch Mop/moppen)

K wie Kamado ist ein (meist eiförmiger) Keramikgrill, der durch seine dicke Keramikschicht Hitze über lange Zeit gut speichert

L wie Long Job nennt man Garzeiten jenseits der zehn Stunden wie etwa bei Beef Brisket

M wie Mop ist ein Pinsel, mit dem man Saucen aufträgt (auf Spareribs zum Beispiel)

P wie Patty ist das rund geformte Fleisch für einen Burger

T wie Texas Crutch (Krücke) hilft dabei, Garzeiten bei großen Fleischstücken abzukürzen. Dafür wird das Grillgut mit Sauce bestrichen und in Backpapier und Alufolie eingewickelt

DER GRILLMEISTER UND DAS FEUER

EGAL, WELCHES EQUIPMENT DU HAST – DAS FEUER MUSST DU BEHERRSCHEN. EIGENTLICH ABER IST DAS GANZ EASY …

Ganz egal, ob Holzkohle, Smoker, Pellet, Gas, oder Elektrogrill – das Feuer- oder Temperatur-Management ist **das Erfolgsgeheimnis** an Euren Grills.

Es gibt eine Vielzahl an Brennstoffen aus den verschiedensten Materialien. Daraus verwendet der verantwortungsvolle Grillmeister ausschließlich hochwertige und zertifizierte Brennstoffe wie: **Holzkohle, Holzkohlebriketts, Pellets sowie natürliche Hölzer bekannter Marken oder aus der Region.**

Holz und Pellets geben beim Grillen Geschmack in Form von Rauch ab und sind deshalb zum Räuchern sehr gut geeignet. Rebholz ist mit Vorsicht zu genießen, weil es fast immer mit Pflanzenschutzmitteln gespritzt worden ist.
Basis von Holzkohle und Briketts sind verkokte Kohlenstoffe. Bei der Herstellung bleiben die meisten Aromastoffe auf der Strecke, leider vor allem die guten. Aber dafür lässt sich die Hitze mit verkokten Brennstoffen einfacher steuern. Aber was nutzt man in welcher Situation? **Holzkohle** ist ideal für kurzes und heißes Grillen, **Briketts** finden Verwendung, wenn's etwas länger gehen darf. Egal, zu welchem Brennstoff Ihr gerade greift, achtet beim Kauf auf vernünftige, hochwer-

GERHARD VOLK

Das gesamte Grillschulkapitel stammt aus seiner Feder. Er hat mit Weber-Stephen das erfolgreichste und größte Akademiekonzept der Welt entwickelt. Mit „Desserts vom Grill" hat er außerdem schon einmal den World Cookbook Award gewonnen.

tige Qualität. Sowohl Euer Geldbeutel als auch die Ergebnisse werden es Euch danken. Billig ist hier nicht gleich günstig.

Anzünden und Hitzesteuerung bei Holzkohlegrills und Wassersmoker

Zum Anzünden von Holzkohle oder Briketts verwendet Ihr am besten einen Anzündkamin mit Hitzeschutz und Haltebügel. Diese Methode klappt immer. Dazu den gewünschten Brennstoff in den Anzündkamin geben und zwei bis drei Anzündwürfel drunter legen. Ob Paraffin oder Bio, bleibt jedem selbst überlassen. Beim Anzünden entsteht zu Beginn Rauch, der verschwindet aber schon nach kurzer Zeit wieder. Trick: Wenn ein Anzündkamin über einer Gasflamme gezündet wird, entsteht dabei so gut wie kein Rauch. Ist der Brennstoff mit einer feinen Ascheschicht überzogen, ist der Grill bereit. Beachtet hierzu auch die Empfehlungen des Herstellers. Um das Feuer bei Holzkohlegrills sicher und einfach zwischen direkt, indirekt und der 50/50-Methode zu wechseln, sind Holzkohlekörbe für den professionellen Grillmeister unverzichtbar. Vor dem Grillen bleibt so nur noch die Entscheidung für die gewünschte Grillmethode (S. 16–17). Danach lässt sich die Hitze über zwei Parameter regeln:

Option 1: Hitze durch die Menge von Brennstoff regeln

Option 2: Hitze durch die Sauerstoffzufuhr regeln

Die zweite Variante ist einfacher und sicherer, dafür wird in der Regel aber etwas mehr Brennstoff verbraucht. Aber die Gewissheit, die Hitze im Griff zu haben und dadurch gute Ergebnisse zu erzielen, rechtfertigt den Mehrverbrauch.

Wir regeln also den Sauerstoff in einem Kugelgrill mit dem unteren Lüftungsregler im Kessel und dem oberen im Deckel. Der obere ist dabei empfindlicher und man sollte ihm etwas mehr Aufmerksamkeit schenken. Spätestens jetzt sollte klar sein: **Der Deckel beim Kugelgrill ist nicht nur Wetterschutz**, sondern macht den Grill

zum Outdoor-Backofen. Die Back- und Grillergebnisse sind in der Regel sogar besser als in einem Elektrobackofen. Ein zusätzlicher Vorteil ist die Möglichkeit, Holzrauch beizufügen. Zudem kann beim Grillen eines Soufflés oder Auflaufs auch mal der Deckel geöffnet werden, ohne dass dieses zusammenfällt. Denn – Vorteil Grill: Im Grill entsteht beim Öffnen kein Unterdruck wie in einem Backofen.

Sicherlich braucht das Steuern eines Holzkohlegeräts etwas mehr Erfahrung und Fingerspitzengefühl, aber man wird belohnt mit einem Erfolgserlebnis und häufig auch der Bewunderung durch Freunde und Gäste. Und mal ehrlich: Ob Grillmeister oder Grillmeisterin – wem tut das nicht gut? In guten Grillakademien hat jeder Grillmeister noch den einen oder anderen ganz persönlichen Tipp. Was wir über die Hitzesteuerung der verschiedenen Grilltypen allgemein sagen können, findet Ihr hier im Folgenden:

Temperatur-Tipps für einen 57 cm-Kugelgrill:
1/3 gefüllter Anzündkamin 180–190 °C
1/2 gefüllter Anzündkamin 240–250 °C
1/1 gefüllter Anzündkamin 280–290 °C

Grillmeister Tipp:
Professionelle Grillmeister erraten die Hitze im Grill nicht dadurch, dass sie die Hand über die Kohle halten, sondern mit dem Thermometer im Deckel des Grills. Nur dann, wenn wir die nicht hätten, hätte die die Hand-Methode ihre Daseinsberechtigung.

Auf den Grill gehört Fleisch. Die Hand gehört weder drauf noch drüber. Das Thermometer ist in jeder Hinsicht sicherer

Hitzesteuerung beim Pelletgrill
Elektronische Steuerungen machen die Bedienung von Pelletgrills und -smokern sehr einfach. Smoker werden nicht so heiß wie die Grills. Ein moderner Pelletgrill schafft mehr als 300 Grad

Grillt sich fast von selbst:
Wer geübt ist, bei dem wirkt das
Ergebnis vom Rost oft wie Zauberei.
Die Gäste staunen

Hitze, ist dadurch auch sehr gut zum klassischen Grillen geeignet. Gesteuert wird elektronisch, die Hitze wird durch Holzpellets erzeugt. Es entsteht feiner, milder, aromatischer Rauch. In der Regel gilt: Je heißer der Grill, desto weniger Raucharoma entwickelt sich.

Bei kurzen Garprozessen ist die Rauch- und Farbabgabe an das Garprodukt relativ gering. Bei sogenannten Long-Jobs wird dies von vielen Anwendern auch als vorteilhaft empfunden. Gerade bei uns in Europa, wo das BBQ nicht so stark verbreitet ist wie zum Beispiel in den USA, mögen die Menschen den etwas milderen, feineren Rauch.

Grillpellets gibt es aus verschiedenen Holzsorten oder auch Blends (Mischungen). Sie sind sehr rein und haben außer dem Herstellungsprozess übrigens nicht viel mit den Heizungspellets zu tun. Ein bisschen ist das so wie mit dem Heizöl – damit lasst Ihr ja auch nicht den Porsche fahren.

Temperatur-Management bei Gas und Elektro:
Die Hitze im Gas- oder Elektrogrill zu steuern, ist einfach und bequem:
Regler auf = mehr Hitze
Regler zu = weniger Hitze

Im Holzkohlegrill oder Wassersmoker wird die Hitze in der Regel mit der Luftzufuhr der Lüftungsregler gesteuert:

Regler auf = mehr Hitze (mehr Sauerstoff)
Regler zu = weniger Hitze (weniger Sauerstoff)

Beim Grillen mit Holzkohlegrills oder Wassersmoker braucht es etwas mehr Erfahrung, Hingabe und Zeit. Aber: Beherrschst Du erst einmal das Regeln der Luftmenge an den unteren und oberen Lüftungsreglern sowie die richtige Menge an Brennstoff, wirst Du schnell zum Dompteur der Hitze.
Die heutigen High-End-Grillgeräte erleichtern uns außerdem den Umgang mit dem Feuer auch beim Holzkohlegrill. Was Kohle im Vergleich zu Gas aber schwieriger macht: Festbrennstoffe wie Holzkohle reagieren recht träge.

Verwendet Ihr Briketts, ist unser spezieller Tipp, diese zu zählen! Ja, richtig gelesen: zu zählen. Das machen die meisten Profis genau so – und das Ergebnis gibt dieser Methode recht. Denn die ausgewählten Briketts sind immer gleich groß oder gleich schwer. Warum also mehr anzünden, wenn es beim letzten Mal mit weniger perfekt war. Sollte die Hitze mal zu schwach werden, können immer noch Briketts nachgelegt werden. Investieren wir lieber in nachhaltige und hochwertige Lebensmittel anstatt in zu viel Brennstoff!

Vor dem Grillen bleibt die Entscheidung für die Grillmethode. Davon gibt es eigentlich nur zwei. Mehr dazu auf den folgenden Seiten.

#BORN TO GRILL! ABER RICHTIG!

DER GRILLMEISTER HAT DAS FEUER IM GRIFF UND NICHT DAS FEUER DEN GRILLMEISTER

DIREKT – INDIREKT

DIE GRAFIKEN ZEIGEN DIE ZWEI GRUNDTECHNIKEN DES GRILLENS UND IHRE ABWANDLUNGEN AM BEISPIEL EINES KUGELGRILLS

DIREKT

Möglich bei Holzkohle, Pellet, Gas und Elektro. Die Hitze wird ohne Umwege vom Grill auf das Grillgut übertragen. Das Fleisch liegt also direkt über der Kohle oder dem Gasbrenner. Diese Methode eignet sich besonders für Grillgut mit kurzen Garzeiten.

INDIREKT

Möglich bei Holzkohle, Pellet, Gas und Elektro. Das Grillgut gart seitlich/neben der direkten Zone. Das Fleisch liegt also nicht über der Glut, sondern auf dem Teil des Rosts, unter dem keine Glut ist. Bei sehr kleinen Grills ist ein Hitzeschild sehr vorteilhaft.

50/50-METHODE

Ist möglich bei Holzkohle, Pellet, Gas und Elektro. Das Grillgut wird zuerst in der direkten Zone scharf angebraten. Danach gart es in der indirekten Zone fertig, oft auch über einem Hitzeschild oder einer Wasserschale.

DREI-ZONEN-GLUT

Möglich bei Holzkohle und bei Gasgrills mit mindestens drei Brennern. Die Hitze nimmt von der einen zur anderen Seite ab. Beispiel: Ein Gluthaufen, der von der einen Seite zur Mitte hin an Höhe verliert, daran anschließend eine indirekte Zone.

BULL'S EYE

Möglich bei größeren Holzkohlegrills und bei Gas. Direkt gegrillt wird in der Mitte. Hier konzentriert sich die gesamte Kohle oder das Feuer des Brenners. Drum herum ist alles indirekte Zone.

RING OF FIRE

Möglich bei Holzkohle und beim Wassersmoker. Bei der umgekehrten Variante zum Bull's Eye wird die Kohle ringförmig verteilt. Die Mitte bleibt frei, es gibt also eine direkte und eine indirekte Zone. Die indirekte in der Mitte wird gern zum Backen genutzt.

MINION-RING-METHODE

Möglich bei Holzkohle und beim Wassersmoker. Die Kohle wird ringförmig in zwei unteren und einer oberen Reihe ausgelegt, unterbrochen von einem Stein o.ä. Das Feuer brennt sich langsam in einer Richtung durch. In die Mitte kommt eine Wasserschale und darüber das Fleisch, das schön langsam gart.

GRILLMEISTER-TIPP:

Bei kleinen Grills oder Grills mit einem Ringbrenner gibt es keine indirekte Zone. Durch Verwendung eines Hitzeschilds (z.B. einer Aluschale mit Wasser) können aber auch indirekte Zonen geschaffen werden.

GUTES GELINGEN!
UND KEIN STRESS!

**WICHTIG IST,
DASS ES GUT SCHMECKT.
GENAUSO ABER AUCH,
DASS NICHT DER STRESS
DIE ZANGE ÜBERNIMMT**

Unser zentraler Grillmeister-Tipp für so ziemlich jeden Hobbykoch lautet: Kauft gute, hochwertige und nachhaltige Lebensmittel und geht mit diesen respektvoll um.

Bevor wir mit einem Rezept beginnen, sollten wir dieses immer einmal ganz gelesen haben. Wir versuchen, uns die Abläufe schon beim Lesen gedanklich vorzustellen. Dadurch lassen sich viele Fehler vermeiden und die Abläufe werden klar. Auch lässt sich bei einer guten Umsetzung eine Menge Geschirr sparen. Denn was man nicht benutzt hat, muss auch nicht abgewaschen werden. Ebenso wichtig: Nehmen wir uns nicht zu viel vor. Weniger ist oft viel mehr, Grillen besticht oft durch seine Einfachheit!

AM GRILL

Setzt zunächst Tropfschalen mit etwas Wasser ein. Dadurch tropfen Fett und Marinaden beim indirekten Grillen nicht in den Grill, sondern ins Wasser der Tropfschalen. Der dabei entstehende Wasserdampf hält zudem saftig und bringt eine schöne Bräunung. Alkohol in die Tropfschale zu gießen, ist dagegen keine gute Idee, da dieser bereits bei 78 Grad verdampft. Auch Kräuterbüschel, Knoblauch oder Zwiebeln bringen nichts, denn Dampf hat nicht die Eigenschaft, Aromen zu übertragen. Alkohol und Kräuter kommen besser in die Marinade.

Organisiert sein!
Organisiert Euren Grill-/Arbeitsplatz, und schon läuft es wie von selbst. Grillabende, an denen die Gäste ihre eigenen Gerichte zum Grillen mitbringen, gelingen dagegen aus kulinarischer Sicht nur selten. Grillmeister Gerhard Volk sagt daher: „Mithelfen und Spaß haben – ja! Aber die Gerichte bestimme entweder ich oder alle zusammen im Vorfeld." Das beste indirekte Feuer nützt nämlich am Ende nichts, wenn fertig marinierte und öltriefende Steaks direkt auf dem Feuer liegen. Gerhards Empfehlung: „Also nur Mut zum Klartext unter Freunden und Familie. Mit klaren Aussagen gibt es viel weniger Stress und Diskussionen."

Appetit machen und stillen ...
Zur Begrüßung als Apéro eignen sich schnelle Gerichte, wie Sandwiches oder Miniwürstchen. Damit stillt Ihr auch den ersten Heißhunger.

UNSER GRILLMEISTER-TIPP:
Spaß, Genuss und gemeinsames Erleben sollten im Vordergrund stehen!

#BORN TO GRILL! ABER RICHTIG!

NEHMEN WIR UNS
NICHT ZU VIEL VOR.
WENIGER
IST OFT MEHR!

GRILLTYPEN
WELCHER IST DER RICHTIGE?

DEN EINEN RICHTIGEN GRILL GIBT ES NICHT.
GANZ SICHER ABER DEN RICHTIGEN FÜR DEINEN ANLASS

Holzkohle-, Gas-, Pellet-, Elektrogrill oder Wassersmoker – das Spiel mit dem Feuer ist rein emotional gesehen sicher nicht durch einen Gas- oder Elektrogrill zu ersetzen. Schiebt man einen Teil der Emotionen zur Seite, zeigt sich allerdings ganz schnell die praktische und effektive Seite eines Gasgrills. Gasflasche öffnen, bei geöffnetem Deckel zünden, Deckel schließen, aufheizen und los!

Wenn der Grill ganzjährig auf der Terrasse stehen bleiben kann und es einen kurzen Weg zur Küche gibt, kommt ein Gasgrill automatisch fast täglich zum Einsatz und sein Besitzer wird ganz schnell zum Ganzjahresgriller.

Durch das Grillen mit Deckel erzielen wir einen Backofen-Effekt. Genau das ermöglicht uns, alles, was wir uns wünschen, im Grill zuzubereiten. Und das alles draußen in der Natur und an der frischen Luft!

Für alle, die, aus welchem Grund auch immer, keinen Grill mit offenem Feuer benutzen können, ist der Elektrogrill – mit Deckel, versteht sich – eine echte Alternative. Da die Heizschlangen meist direkt unter dem Grillrost verlaufen, glauben die meisten, man könnte nicht indirekt grillen. Mit einem Hitzeschild oder einem Wasserbad ist aber auch das möglich. Selbst die 50/50-Methode lässt sich auf diese Weise realisieren.

HOLZKOHLEGRILL

Das Grillen mit offenem Feuer ist emotional gesehen die ursprünglichste Art des Grillens, wenngleich wir unsere Brennstoffe heute bequem im Supermarkt kaufen. Wenn Männer bei glühender Kohle ein Stück Fleisch bei direkter Hitze auf den Rost legen, startet ein emotionales Kopfkino, das seinesgleichen sucht: Gänsehaut – eine geistige Reise tausende Jahre zurück. Das zivilisierte Sprechen wandelt sich in brünstiges „UH-UH-UH". Erst jagen, dann grillen… Steinzeit, Höhle, hallo!

Der Kugelgrill ist ein wahrer Tausendsassa. Jegliche Art von Feuer lässt sich darin realisieren, mit Drehspieß, mit Pizzastein oder gar Pizzaofen-Aufsatz ausgestattet, wird er auch mal schnell zur Pizzeria im eigenen Garten. Beim Räuchern werden Ergebnisse erreicht, die keine Wünsche offen lassen. Wir Profi-Grillmeister preisen bis heute die Erfindung des Weber-Kugelgrills. Von Klein bis Groß gibt es da Spielzeug für den kleinen oder großen Geldbeutel.

GRILLMEISTER-TIPP:
Kugelgrills ab 57 Zentimeter Rostdurchmesser sind perfekte Spielgefährten.

Der Weber Summit Charcoal ist für Gerhard Volk das Nonplusultra unter den Holzkohlegrills. „Er bringt die Vorteile eines Keramikgrills mit sich, ist aber ebenso auch in kurzer Zeit wieder von sehr heiß auf niedriger Temperatur."

Wichtig dabei: die unteren Lüftungsschieber unbedingt aschefrei halten, damit der Sauerstoff wirkungsvoll geregelt werden kann. Dazu die Lüftungsschieber stündlich hin- und herbewegen. Und noch ein Tipp: Gefüllte Tropfschalen mit Wasser haben nicht nur die Aufgabe, Fett aufzufangen, viel wichtiger noch: Sie sorgen für eine feuchte und stabile Hitze. Wasserschalen sind auch perfekt geeignet, um auf niedrigere Temperatur zu kommen.

PELLETGRILL

Der Pelletgrill ist erstens supereinfach in der Bedienung und liefert zweitens echte Holzaromen.

Die Steuerung funktioniert wie beim Gasgrill – aber inklusive Holzkohle-Feeling. Weniger komfortabel: In der Regel muss immer ein elektrischer Stromanschluss in der Nähe sein, ganz ohne Elektrizität kommt der Pelletgrill nicht aus. Für das Outdoor-Grillen am heimischen Baggersee ist der Pelletgrill dadurch nur bedingt geeignet. Aber auch hierfür gibt es technische Lösungen wie spezielle Akkus oder Batterien.

Außerdem sind sinnvolle technische Spielereien auf dem Markt – etwa die Steuerung über das Mobiltelefon, Bluetooth oder WiFi und fest integrierte Anschlüsse für Kerntemperaturfühler. Übrigens geht auch das Anzünden der Pellets schon vollautomatisch.

Komfort und Feeling sind also da, über die praktische Seite muss jeder selbst entscheiden.

GRILLMEISTER-TIPP:

Beim Grillen mit Pelletgeräten entsteht auch Rauch. Das sollte Euch vor dem Kauf klar sein, erst recht, wenn Ihr auf Balkonen grillt.

GASGRILL

Nach dem Motto „Auf die Plätze, fertig, los!" zeigt ein Gasgrill von Anfang an, dass er bei der Effektivität ganz oben auf der Liste steht. Gas bedeutet: Grillen zu jeder Tages- und Nachtzeit ohne Aufwand. Für die meisten Grillfreunde ist das zu Recht ein ganz wichtiges Kriterium.

Die Spielarten des Gasgrills beschreibt ein anderer Satz: „Entdecke, was möglich ist." Direkt, indirekt, 50/50, Drehspieß, Plancha, Pizzastein, Wok, Dutch Oven und vieles mehr machen im Gasgrill richtig Spaß. Selbst der Wunsch nach Raucharomen stellt den Gasgrill vor keine allzu große Aufgabe.

GRILLMEISTER-TIPP:

Gasgrills ab drei Brennern und mit geschlossenem Stauraum sind unsere Empfehlung. Ein Zusatzbrenner für das Searing (Hochtemperaturgrillen) ist dabei natürlich nicht zwingend, aber eben ein tolles Extra. Denn egal ob Mann oder Frau – wer macht am Grill nicht gern mal auf dicke Hose?

ELEKTROGRILL

Zur Überraschung vieler Zweifler: Wenn der E-Grill einen Deckel hat, ist er eine echte Alternative. Bei echten Premium-Modellen gehört ein schwerer Gussrost sowie ein doppelwandiger Deckel dazu. Selbst Männersteaks ab 500 Gramm aufwärts können einen guten Elektrogrill nicht in die Knie zwingen. Da E-Grills meist auf Balkonen oder Stadt-Terrassen zum Einsatz kommen, sind sie in der Leistung meist auf weniger als 3 KW eingeschränkt. Richtig eingesetzt lassen sich aber

selbst große Bratenstücke perfekt darauf zubereiten. Mit einem passenden Hitzeschild oder Wasserbad sind auch hier die Möglichkeiten des kreativen und gesunden Grillens schier unbegrenzt. Auch Grillen mit der 50/50-Methode ist drin.

GRILLMEISTER-TIPP:

Wichtig sind ein schwerer, porzellanemaillierter Gussrost, ein Hitzereflektor aus Aluminium im Deckel (für gute Hitzeverteilung), elektronische Steuerung und Temperaturanzeige sowie die Möglichkeit, Temperaturfühler einzusetzen.

SMOKER

Hochwertige Wassersmoker lassen sich einfach und gut steuern. Long Jobs nach der Minion-Methode von bis zu 20 Stunden sind für einen Wassersmoker eine einfache Sache, die der Grillmeister mit ein wenig Übung locker hinbekommt. Beim klassischen Offset-Smoker braucht es dagegen viel Erfahrung, um ein perfektes Ergebnis zu erreichen. Hochwertige Offset-Smoker haben zudem dicke Materialstärken und das schlägt sich im Preis nieder.

Bevor man sich einen Offset- oder Wassersmoker zulegt, sollte man sich erkundigen, ob man verständnisvolle Nachbarn hat. Wohnt man alleine draußen auf dem Land, steht dem gewünschten Rauchzeichen nichts im Wege. Aber egal ob Wasser- oder Offset-Smoker, beides sind Werkzeuge für große Jungs und Mädels, die den etwas anderen Geschmack bevorzugen und sich auch die Zeit dafür nehmen. Genau dieses Geschmackserlebnis ist in unseren Breiten nicht bei jedermann beliebt und der Pelletgrill daher eine Top-Alternative.

Hochwertige Wassersmoker sind nicht die Multi-funktionsgeräte, als die sie teilweise am Markt angepriesen werden. Sie sollten vor allem eine Funktion erfüllen – und die dafür gut: smoken! Bevorzugter Rostdurchmesser: ab 37 cm oder 57 cm. Erweiterung: elektronische Steuerung.

BEEFER

Beefer sind reine Oberhitze-Grills, die 800 Grad Celsius und mehr erreichen können. In den USA ist die Methode in Steak-Restaurants schon viele, viele Jahre lang gang und gäbe. Die Dinger machen schon Eindruck in der Anwendung, trotzdem solltet Ihr Euch darüber im Klaren sein: Einen Grill ersetzt das nicht.

Die Anwendung ist ebenfalls Geschmackssache. Man muss ein extrem hochwertiges und aromenstarkes Stück Fleisch nicht bis zur Unkenntlichkeit dunkel rösten. Aber hey – diese Entscheidung bleibt ganz allein Euch überlassen.

GRILLMEISTER-TIPP:

Stark marmoriertes Fleisch bekommt viel schneller eine dunkle Kruste als mageres. Um bei magerem oder Sous-vide gegartem Fleisch die Röstung zu beschleunigen, hilft schon ein wenig Butter. Ich selbst bevorzuge nicht ganz so dicke Stücke beim Hochtemperatur-Grillen, dafür lieber mehrere dünnere hintereinander. Der Showeffekt wird dadurch natürlich erhöht.

FAZIT

Die Entscheidung, welcher Grill es sein soll, muss am Ende jeder selbst treffen. Wer sich nicht sicher ist, aber in einen guten Grill investieren will, sollte einmal ein professionelles Grill- und BBQ-Seminar in einer unserer Grillakademien besuchen. Meist hilft dies bei der Kaufentscheidung. Viele unserer Kursteilnehmer besitzen auch einen Zweitgrill. Das kann sinnvoll sein, ist aber nicht für jeden Griller Pflicht. Egal für welchen Grill Du Dich entscheidest, investiere in einen hochwertigen Markengrill. Daran wirst Du auch lange Spaß haben.

NO-GO'S!

- Wir kochen oder grillen nicht direkt auf oder in Aluminium.

- Keine dreckigen Grills. Der Rost ist gebürstet, der Grill ist aufgeheizt.

- Gegrillt wird ausschließlich im Freien und nicht in geschlossenen Räumen.

- Temperaturen werden gemessen und nicht erraten.

Eine Frage der Zeit – und des Salzes selbst. Für das Salzen solltet Ihr den entsprechenden Zeitpunkt einplanen. Textur-Salze aber immer erst am Ende zugeben

FLEISCH
WISSEN

BEIM FLEISCH HALTEN SICH HARTNÄCKIGE MYTHEN.
WANN MUSS ICH ES AUS DEM KÜHLSCHRANK NEHMEN?
ODER MUSS ICH ÜBERHAUPT?

Mit dieser Frage beginnt das Grillen: Steaks aus der Kühlung nehmen oder nicht? Wir sagen hier ganz klar: NEIN! Aus folgenden Gründen sollte Euer Fleisch direkt vom Kühlschrank auf den Grill:

• Kaltes Fleisch lässt sich besser und
  gleichmäßiger garen

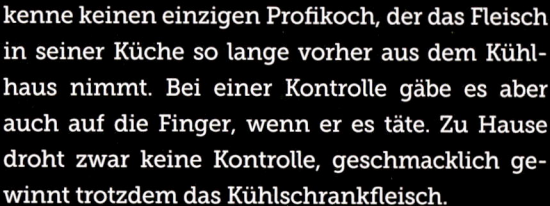

kenne keinen einzigen Profikoch, der das Fleisch in seiner Küche so lange vorher aus dem Kühlhaus nimmt. Bei einer Kontrolle gäbe es aber auch auf die Finger, wenn er es täte. Zu Hause droht zwar keine Kontrolle, geschmacklich gewinnt trotzdem das Kühlschrankfleisch.

Steaks vor oder nach dem Garen salzen?

Wer vor dem Grillen salzen möchte, sollte das mindestens eine Stunde vor dem Grillen tun. Einfach Steak salzen und wieder in den Kühlschrank legen. Bei großen Bratenstücken das Salz (und eventuelle Gewürze) am besten über Nacht abgedeckt im Kühlschrank einziehen lassen. Bei Geflügel dringt das Salz in die Geflügelhaut ein und macht diese dadurch knuspriger, dafür sollten aber mindestens zwei bis vier Stunden eingeplant werden. Wollt Ihr aber unbedingt ganz kurz vor dem Grillen salzen, ist das auch kein Beinbruch.

GRILLMEISTER-TIPP

Salz wird auch bei sehr heißen Grill-Vorgängen wie etwa dem Searing nicht verbrennen, Pfeffer und Gewürze dagegen schon.
Sehr hochwertige Salze wie zum Beispiel Fleur de Sel oder Pyramidensalz sind auch Textur-Salze mit feinem Crunch und gehören deshalb erst kurz vor dem Servieren auf das Gericht.

Das Ruhen von Fleisch nach dem Garen

Es gibt keine eindeutigen wissenschaftlichen Aussagen darüber, wie lange die Ruhephasen von Steaks oder Braten nach dem Garen sein sollten. Wir empfehlen Euch, das der Einfachheit halber mit dem Thermometer zu klären. Die Temperatur sollte zwei bis fünf Grad unter der vorherigen Kerntemperatur liegen.

Wird Fleisch niedertemperaturgegart (bei 70 bis 120 Grad), ist keine Ruhephase nötig. Außer bei

#BORN TO GRILL! VORSICHT GEBOTEN!

DAS GROSSE BRATENSTÜCK ÜBERGART SCHNELLER ALS DAS KLEINE STEAK. DAS GILT ES EINZURECHNEN

der Sous-vide-Methode, denn das Garen im Wasser geschieht unter viel höherer Dichte.

Das Übergaren von Fleisch

Ein großes Bratenstück kann bis zu 20 Minuten oder länger weitergaren, nachdem es vom Grill kommt. Wir sprechen dann vom Übergaren. Bei vielen Rezepten empfehlen wir deshalb eine Gartemperatur von 100 bis maximal 140 Grad. Da Hitze nach oben steigt, ist die indirekte Zone des Grillrosts meist sowieso Niedertemperaturzone. Aber eins gilt es dabei zu bedenken: Dicke Stücke speichern mehr Energie als dünne. In der Praxis kann das große Bratenstück also schneller übergaren als das kleine Steak.

Die Garstufen

Garstufen werden nicht mittels Fingerdruck gemessen, sondern mit einem Thermometer. Ein Profi misst zudem nicht Zeit, sondern Temperatur. Der Garprozess wird beeinflusst durch:

- die Ausgangstemperatur
- den Fettgehalt
- die Grundstruktur des Fleisches
- die Grilltemperatur

GRILLMEISTER-TIPP

Fleisch beginnt bei 69 Grad zu garen, Fisch bereits bei 39 Grad. Das gilt aber nicht bei Sous-vide.

GEFLÜGEL

Geflügel gilt als lecker, saftig, zart und gesund – oder kurz gesagt: perfekt für den Grill. Für den Kauf und die leckere und sichere Zubereitung von Geflügel möchten wir Euch hier ein paar Infos geben, die aus unserer Sicht besonders wichtig sind:

- **Geflügel nicht waschen!** So vermeidet Ihr, dass eventuelle Keime (über Bretter oder Spritzer) in der ganzen Küche unterwegs sind. Beim Garen werden die Keime später eh gekillt und sind unproblematisch.
- Bei ganzen Tieren ist das Rückwärtsgaren bei 100 bis 160 Grad die perfekte Methode für ein saftiges Ergebnis. Zum Schluss einfach mit hoher Hitze die gewünschte Bräune oder Kruste bilden lassen.
- Die optimale Kerntemperatur, damit's saftig und sicher ist, liegt bei 70 bis 78 Grad im Kern.
- Optimal ist die Verwendung eines Drehspießes oder eines Hähnchenhalters.
- Wellenartig auf einen Spieß gesteckt (Saté) wird das Fleisch von superkross bis supersaftig einfach superlecker. Die tolle Optik spielt da nur eine Nebenrolle.
- Geflügel und Rauch sind eine gute Paarung, wenn das Raucharoma nicht zu stark ist.

GRILLMEISTER-TIPP

Wenn's knusprig werden soll, die Haut mindestens zwei bis vier Stunden vorher salzen. Dadurch wird der Haut Wasser entzogen.
Etwas Backpulver in der Gewürzmischung hilft der Kruste ebenfalls auf die Sprünge.
Bei Geflügelkeulen nehmen wir die Haut auch gerne mal ab und entfernen das komplette Fett von der Haut. Dann bringen wir sie wieder mit dem Fleisch zusammen. Knuspriges Hähnchen ist uns diesen Aufwand doch schließlich wert ...

DEIN PERFEKTER
BURGER

WIE VIEL FETT MUSS EIN PATTY HABEN? WÜRZT MAN VOR DEM GRILLEN UND WIE HEISS WIRD GEGRILLT? HIER DIE ANTWORTEN AUF DIE WICHTIGSTEN FRAGEN

Zuerst mal ganz grundsätzlich, bevor es zum Einkauf beim Metzger geht:

- Der Fettgehalt des Pattys sollte bei 20 bis 30 Prozent liegen.
- Die Pattys sollten locker geformt und nicht gepresst werden.
- Außerdem sollten die Pattys vor dem Grillen gut durchgekühlt sein.

Die **Grilltemperatur** hängt vom Patty ab. Ein reines Rindfleisch-Patty kann viel heißer gegrillt werden als ein Patty, dem zuckerhaltige Zutaten wie zum Beispiel getrocknete Tomaten beigemischt wurden.

Auch **das verwendete Fleisch** spielt dabei eine Rolle: Geflügel- oder Fisch-Pattys vertragen durch den hohen Eiweißgehalt nicht so viel Hitze wie ein reiner Rinds-, Kalbs- oder Schweinefleisch-Patty.

Allgemeine Tipps
Das Hackfleisch sollte so frisch wie möglich sein. Abgepackte Ware ist daher nicht unsere Empfehlung. Es können allerdings günstige Teilstücke des Tieres verwendet werden, denn durch das Wolfen werden zähe Teilstücke zarter.

Das soll natürlich nicht bedeuten, dass man nie ein Dry-aged-Teilstück wie Rib Eye verwenden soll. Ein einseitig gegrilltes Dry-aged-Tatar ist natürlich schon lecker, aber eben auch nicht so günstig. Wenn man den Fettgehalt eines Rindfleisch-Pattys erhöhen will, ist schneeweißer Rindertalg perfekt. Den bekommt Ihr bei Eurem Metzger. Genauso gut funktioniert eine leckere Mayonnaise.

Salzen oder nicht?

Wissenschaftlich ist es besser, reine Fleisch-Pattys zu salzen, denn Salz hilft Wasser zu halten/binden. Ohne Salz kann es daher beim Grillen zu bis zu zehn Prozent Verlust kommen.

Zubereitung

Achtet immer auf eine lockere, luftige Textur und arbeitet Gewürze, Kräuter und so weiter sehr behutsam in die Pattys ein. Versucht möglichst immer gleich große Pattys zu formen. Dafür am besten die Fleischmasse wiegen und durch die Personen teilen. Voilà, schon habt Ihr eine Menge Zeit gespart.

Wildfleisch mit etwas fettem Anteil ergänzen. Das kann auch eine Mayonnaise sein und nicht nur tierisches Fett. Pattys gelingen perfekt auf einer Grillplatte, weil diese mit Konduktionshitze arbeitet. Aber Vorsicht, ein Übergaren ist dadurch auch sehr schnell möglich. Ein echter Vorteil hier: Das hochwertige Fett der Pattys tropft nicht in den Grill, sondern bleibt auf der Platte und kann für das Rösten der Brötchen verwendet werden.

in **reine Fleisch- Pattys** kann eine Vertiefung gedrückt werden, damit sie sich beim Grillen nicht so stark wölben. Enthält ein Patty Ei usw. ist das in der Regel nicht nötig.

Weniger ist oft mehr, der Star im Burger ist der Patty und das braucht eine gute, übersichtliche Bühne für seinen Auftritt.
Übrigens: Ein Patty braucht auch nicht immer einen Bun oder Brot. Auch ein geiles Püree aus Kartoffeln oder Gemüse passt.

Salate für gebaute Burger sollten absolut frisch gekühlt und knackig sein. Eisberg, Romana oder auch aromatische Rucolablätter sind perfekt dafür geeignet.

Käse auf dem Burger ist nicht nur für den Geschmack wichtig, wenn er schmilzt, fixiert er auch die Zutaten.
Auf den Burger kommt, was schmeckt, gefällt und dazu passt.

Vegetarische oder vegane Pattys

Auch hier gilt: beste Qualität = bestes Endprodukt. Pattys auf Gemüse-, Bohnen- oder anderer pflanzlicher Basis haben meist schon viele Kohlenhydrate und müssen deshalb nicht noch zusätzlich in einem Brötchen serviert werden. Je nach Rezept sind diese Pattys dann auch echtes Brain-Food. Zusätzlich eignen sich pflanzliche Pattys auch sehr gut als Beilage. Echte Fleischliebhaber lassen sich selten dazu bekehren, aber stellt Euch mal einen Spinat-Patty vor, wie den hier im Buch (S. 232) mit extra viel gebratenem Speck … Na, klingelt es jetzt? Der Auftrag ist also wirklich ganz einfach: Es muss nur schmecken!

FISCH &
MEERESFRÜCHTE

EINS MAL VORWEG: JE FRISCHER DER FISCH, DESTO BESSER DIE GERICHTE. ALSO SCHNELL RAN AN DEN GRILL!

Die Qualität von Fischen nimmt nach ihrem Tod rapide ab. Am besten lagert man Frischfisch daher auf Crushed Ice und zwar so, dass Schmelzwasser abtropfen kann. Auch vakuumverpackt ist eine gute Lagerart, aber immer richtig kalt! Tiefgefrorene Produkte – am besten schockgefrostet – sind eine Alternative, kommen aber an ein fangfrisches Produkt qualitativ nicht ran.

Eine Kunst für sich: die Zubereitung

Durch den meist geringeren Fett- aber höheren Wasseranteil und den niedrigen Myoglobinwert ist Aufmerksamkeit gefragt. Würze, Marinade oder Salz dringt schneller und tiefer in das Fischfleisch ein als in Fleisch. Also gilt auch hier: Weniger ist mehr!

Damit der Fisch nicht am Rost klebt ...

Beim Grillen den Rost einölen – dabei soll er nicht heißer als 200 Grad sein. Ganze Fische einige Minuten stehend grillen. Sobald die Eiweiße denaturiert sind, die Haut einölen und erst dann direkt auf den Rost legen. Die Zubereitung auf einem Räucherbrett ist eine gute Methode. Für den Mayonnaise-Trick bepinselt man den Fisch mit Mayo und legt ihn dann auf den Grill. Grillkörbe, gelochte Fischzangen oder Schaufeln sind (gut eingeölt) auch gute Helfer.

Alternativ

Fisch heiß räuchern ist für mich eine sehr schmackhafte Variante. Kalt räuchern hingegen empfehle ich nicht wirklich für den Hausgebrauch. Toll schmeckt auch Fisch auf Räucherbrettern oder in Wood Wraps gegrillt.

Garstufen beim Fisch

Fisch fängt bereits bei 39 Grad an zu garen, deshalb nicht mit zu hohen Temperaturen grillen. Für ein saftiges Ergebnis ist eine Kerntemperatur von 55 bis 60 Grad optimal. Manchen schmeckt der Fisch auch schon bei 45 Grad Kerntemperatur. Auch wenn der Fisch durchgegrillt werden soll: am besten mit niedriger Gartemperatur arbeiten.

GEMÜSE
VOM GRILL

WARUM DAS UNGELIEBTE STIEFKIND VIELER GRILLMEISTER VIEL MEHR AUFMERKSAMKEIT VERDIENT, ALS MAN GLAUBT

Gerade am Grill wird dem Thema Gemüse meist sehr wenig Beachtung gewidmet. Auch bei der Produktion dieses Buches ist recht schnell aufgefallen, dass fast keiner unserer Grillmeister sich diesem Thema so richtig gewidmet hat. Mich selbst eingeschlossen, obwohl gerade ich ein Verfechter solcher Gerichte bin.

Ich persönlich liebe handwerklich gut gemachten Tofu, Seitan oder auch Tempeh. Es ist für uns eine Selbstverständlichkeit, gutes Fleisch zu finden, aber bei Gemüse oder Tofu haben wir diese Selbstverständlichkeit nicht. Auf der anderen Seite bin ich für Fleischersatz nicht zu begeistern, egal ob der aus Tofu, Erbsenprotein oder was auch immer besteht. Mir ist es viel wichtiger, auch ohne Fleisch einfach gute, eigenständige Gerichte zu grillen oder zu kochen. Und wir sollten uns darüber im Klaren sein: Fleisch in der von uns geforderten Qualität ist nicht Mainstream. Diese Qualität kann nicht die Menschheit ernähren und soll es auch nicht. Also sollten wir dem Gemüse, Tofu und vielen anderen Produkten etwas mehr Aufmerksamkeit schenken und kreativ werden.
Ich ziehe den Hut vor Koch-Kollegen, die bereits auf Michelin-Sterne-Niveau solche Gerichte zaubern. Doch auch einfaches Gemüse vom Grill ist eine tolle Beilage und lässt sich schnell und ohne großen Aufwand zubereiten.

Ein paar Grundtipps
Das Gemüse in nicht zu kleine Stücke schneiden. Manches Gemüse, etwa Kartoffeln, kann man vorkochen, damit es schneller gar ist. Außerdem: Vor dem Grillen das Gemüse mit Marinade oder Öl einstreichen, damit es nicht austrocknet. Gut eignen sich Raps- oder Sonnenblumenöl.

Temperatur
160 bis 220 Grad, direkte und indirekte Hitze

TEMPERATUREN &
GARSTUFEN

DIE TEMPERATUR BESTIMMT DIE GARSTUFE. MEHR WISSEN BEDEUTET SAFTIGERES FLEISCH

Genau genommen entspricht „Kern"-Temperatur nicht mehr der Gartechnik von heute. Durch modernes Garen, zu dem auch die Verwendung von kühlschrank-kaltem Fleisch gehört, gelingt es uns, eine fast durchgängig gleiche Temperatur im Produkt zu erhalten. Früher übliche Regenbogenfarben verschwinden und wir haben eine durchgängig schöne Farbe im Produkt.

Einige Kerntemperaturfühler haben mehrere Messpunkte. Das ist aber nur dann von Nutzen, wenn der Fühler über eine Software mit dem Grillgerät verbunden ist. In jedem Fall wichtig zu beachten ist, wie sich das jeweilige Produkt beim Garen verhält. Fisch beginnt schon ab 39 Grad zu garen, Fleisch bei 69 Grad. Vorausgesetzt sind hierbei klassische Garmethoden, nicht etwa das Sous-vide-Garen. Wir halten es schließlich auch gut längere Zeit bei 90 Grad in der Sauna aus, in 90 Grad heißem Wasser aber nicht. **Merke: Temperatur ist nicht gleich Temperatur.** Die Zahl sagt nicht alles. Schon allein die Reifetechnik hat Einfluss auf die ideale Temperatur. So bringt rein trocken gereiftes Fleisch ganz andere Voraussetzungen mit als nass gereiftes.

Das absolute Temperatur-No-Go: die Temperatur zu erraten. Wir messen stattdessen. Aus meiner jahrzehntelangen Erfahrung beim Grillen und Kochen mit vielen tausenden Menschen kann ich Euch **folgende Zahlen zur Orientierung für perfekt saftiges Fleisch** nennen:

Geflügel
Helles Fleisch mit etwa 6 Prozent Fett: 70–75 Grad
Dunkles Fleisch mit etwa 10 Prozent Fett: 75–78 Grad
Das Amt für Risikobewertung empfiehlt für Geflügel eine Temperatur von mindestens 70 Grad.

GRILLMEISTER-TIPP:
Das Rückwärtsgaren ist für Geflügel im Ganzen immer eine perfekte Lösung! Aber auch das Sous-vide-Garen bringt perfekte Ergebnisse.

Schweinefleisch
Filet: 56–60 Grad
Kotelett/Rücken: 58–60 Grad
Nacken/Hals als Braten: 68–76 Grad

Rindfleisch/Lamm
Filet: 52–60 Grad
Steak aus Roastbeef oder Rib Eye: 52–58 Grad
Wagyu-Fleisch: 52–56 Grad

GRILLMEISTER-TIPP:
Rückwärtsgaren ist bei dicken Steaks oder bei sehr hoher Marmorierung die perfekte Technik.

Fisch/Meeresfrüchte
Gart Fischgerichte am besten immer schön glasig, also bei 54 bis 58 Grad.

Durchgaren
Von vielen Profis hört man immer wieder die gleichen Sprüche: „Das Fleisch ist schon tot und muss nicht noch einmal getötet werden", „Schuhsohle!", „Lederlappen" und so weiter …
Ich bin da ganz anderer Meinung und sage: Es gibt das perfekt durchgegarte, saftige und schmackhafte Steak. Das verlangt Euch Handwerk und Zuneigung ab, und nicht Geschwätz. Erst dann seid Ihr wahre Grillmeister. Wenn zum Beispiel eine schwangere Frau ihr Steak nur durchgegart essen kann, hat sie dann nicht das Recht auf ein gutes saftiges Stück Fleisch?
Wenn es schnell gehen muss, findet Ihr auf der folgenden Seite grobe Richtwerte auf einen Blick.

SCHNELLÜBERSICHT

STEAKS VON RIND UND LAMM

GARSTUFE	KERNTEMPERATUR		FARBE / BESCHREIBUNG
	VOR DEM RUHEN	*NACH DEM RUHEN*	
BLUE RARE (BLEU)	44°–46°C	46°–48°C	LAUWARM, ROHER KERN, ROHER SAFT
RARE (SAIGNANT)	47°–50°C	49°–52°C	WARMER, ROTER KERN, ROTER SAFT
MEDIUM RARE (ANGLAISE)	51°–55°C	53°–57°C	HELLROTER, WEICHER KERN, ROSA SAFT
MEDIUM (À POINT)	56°–58°C	58°–60°C	ROSA, MITTELWEICHER KERN, ROSA SAFT
MEDIUM WELL (DEMI-ANGLAISE)	59°–63°C	61°–65°C	ROSA-GRAUER, FESTER KERN, KLARER SAFT
WELL DONE (BIEN CUIT)	AB 64°C	AB 66°C	GRAU, RELATIV FEST, KLARER SAFT

STEAKS VOM SCHWEIN

GARSTUFE	KERNTEMPERATUR		FARBE / BESCHREIBUNG
	VOR DEM RUHEN	*NACH DEM RUHEN*	
MEDIUM (À POINT)	56°–58°C	58°–60°C	ROSA
MEDIUM WELL (DEMI-ANGLAISE)	59°–63°C	61°–65°C	ROSA-BEIGE
WELL DONE (BIEN CUIT)	AB 64°C	AB 66°C	BEIGE

RÄUCHERN
UND SMOKEN

BEREIT FÜR DIE KÖNIGSKLASSE? DANN HABEN WIR HIER NOCH EIN PAAR WERTVOLLE TIPPS FÜR EUCH, UM BEIM RÄUCHERN TOLLE ERGEBNISSE ZU ERZIELEN

Ganz ehrlich: Räuchern (oder Selchen, wie es in Bayern und Österreich heißt) ist eine Wissenschaft für sich – aber der Einstieg ist ganz leicht. Eine frisch gefangene Forelle ausnehmen, für ein paar Stunden in Salzlake legen, trocken tupfen und dann für 30 bis 45 Minuten bei 80 bis 90 Grad in den Rauch hängen: saulecker! Aber gerade beim Räuchern und Smoken führen eben tausend Wege nach Rom und am Ende gilt: Versuch macht klug. Die wichtigsten Basics aber haben wir hier für Euch zusammengetragen und fangen mal bei den drei Top-Verfahren an …

- **Heißräuchern** bei 60 bis 160 Grad kennt man zum Beispiel vom Fischräuchern: Aal, Heilbutt, Sprotten, Makrelen, Stremellachs aber auch Jagdwurst sind typische Beispiele dafür.
- **Warmräuchern** bei 30 bis 55 Grad sorgt dafür, dass das Räuchergut weniger stark austrocknet und zarter bleibt als beim Heißräuchern, braucht aber mehr Zeit. Zwischen zwei Stunden und einem Tag sollte man einplanen.
- **Kalträuchern** bei 15 bis 25 Grad kennt man zum Beispiel von Schwarzwälder Schinken und vielen Wurst-Spezialitäten.

Die Industrie nutzt noch weitere Vorgehensweisen: das Flüssigrauchverfahren und das Reiberauchverfahren. Beides aber ist für den Hausgebrauch eigentlich kein Thema. Und fürs

klassische Dielenräuchern über vier bis fünf Monate fehlt uns meistens das richtige Haus für so etwas und natürlich die Zeit.

Ihr merkt schon: Es geht auch beim Räuchern immer um die richtigen Temperaturen. Hat man das nicht im Griff, steigt die Temperatur im Grill oder auch im Räucherofen schnell über den gewünschten Bereich hinaus. Hier macht wirklich die Übung den Meister. Genau deshalb gehört das Smoken zu den Königsdisziplinen.

DAS HOLZ

Räucherchips sind eines der am häufigsten verwendeten Produkte in unseren Breitengraden. Im Handel kann man sie in verschiedensten Varianten kaufen. Die Chips brennen recht schnell ab und müssen öfter nachgelegt werden. Nach Wunsch und um ein zu schnelles Abbrennen zu verhindern, werden Chips häufig gewässert, aber zwingend nötig ist es nicht. Trockene Chips ergeben ein kräftigeres und intensiveres Raucharoma.

Wood Chunks sind grobe Holzstücke in der Größe von Golf- oder Tennisbällen. Sie brennen langsam und gleichmäßig ab und werden deshalb auch gerne bei Long Jobs verwendet, bei denen man über längere Zeit einen nicht zu intensiven Rauch haben möchte.

DENKT BEIM RÄUCHERN NICHT NUR AN FISCH UND FLEISCH – SONDERN PROBIERT AUCH MAL KARTOFFELPÜREE ODER EIER ...

Räucherpellets sind im Grunde komprimierte Sägespäne, aber auf keinen Fall zu verwechseln mit Holzpellets für die Heizung! Fürs Räuchern geeignete Pellets dürfen keine Bindemittel oder Klebstoffe enthalten, keine Haftstoffe und auch kein Weichholz wie von Kiefern oder Tannen. Pellets auch bitte nicht wässern, denn sonst quellen sie auf und fallen auseinander. Pellets geben einen feinen und nicht zu intensiven Rauch ab. Anwendung finden sie daher sowohl im Gas, Holzkohle oder Smoker-Grill. Perfekt geeignet sind sie natürlich für Pellet-Smoker oder Grills.

Räucherspäne sind nicht wirklich zum Heißräuchern geeignet (sie verbrennen einfach zu schnell), aber beim Kalträuchern sind Späne der Star.

Räucherbriketts sind ähnlich wie Pellets aufgebaut und werden in Größen von etwa acht bis zehn Zentimeter Seitenlänge angeboten. Bei uns in Europa sind diese Produkte aber nicht so verbreitet wie in den USA.

Räucherfurnier / Wood Wraps
Die dünnen Wood Wraps sind ein echt tolles Spielzeug für Weibs- oder Mannsbilder am Grill. Doch ganz ehrlich: In der praktischen Anwendung funktionieren sie nicht wirklich in Sachen Geschmacksübertragung des Holzaromas oder der ätherischen Öle. Dafür macht das Arbeiten mit den empfindlichen Teilen richtig Spaß und die Ergebnisse sehen echt stark aus. Wir verwenden die Teile gerne, um Gerichte zu grillen, die sonst nicht ganz so einfach zu grillen wären. Gefülltes Gemüse zum Beispiel oder Fischrouladen, die sonst auseinanderfallen würden.

Die richtige Anwendung
Wood Wraps für etwa 15 bis 30 Minuten in Wasser einweichen. Da die Teile nicht wirklich Aroma abgeben, können sie auch mal in Wein, Bier oder sonstigen geistreichen Getränken eingeweicht werden. Gebunden werden Wood Wraps meist mit einer Schnur, die ebenfalls eingeweicht wird, damit sie nicht gleich Feuer fängt.
Beim Einrollen der Gerichte in die Wood Wraps auf die Faserrichtung achten, damit sie nicht brechen.

GRILLMEISTER-TIPP:
Um die Wraps so lange zu fixieren, bis die Schnur drum ist, könnt Ihr eine Büroklammer aus Metall verwenden. Die muss aber bitte vor dem Grillen unbedingt wieder entfernt werden.

Räucherbretter

Räucherbretter sind sehr vielfältig im Einsatz und eine perfekte Aroma-Unterlage für alle Gerichte, die sich nicht so einfach auf dem Rost grillen lassen. Denkt dabei nur mal an ein Stück Seelachsfilet oder einen kleineren Fisch, der etwa stehend gegrillt wird.

Ihr könnt die Bretter auch in kleinere Stücke sägen und für Portionsgerichte verwenden. Dann kriegt jeder Gast ein Brettchen und am Tisch bleibt nichts mehr zu tranchieren.

Wir haben bei den Brettern die Erfahrung gemacht, dass fetthaltige Produkte wie zum Beispiel Lachs die Aromen des Holzes viel besser aufnehmen als magere Produkte. Und das gilt nicht nur für Fisch und Fleisch! Ein luftiges, feinporiges Kartoffelpüree ist ebenfalls ein gutes Produkt für das Räucherbrett. Echt abgefahren ist auch ein feiner Hackbraten (der darf auch mal zwei Kilo haben). Wenn Ihr ihn bei 120 Grad auf seinem Brett langsam gart, werden Eure Gäste begeistert sein!

Lachs aus dem Rauch

Option 1: mit Räucherbrett

Das Räucherbrett mindestens eine Stunde mit einem Stein beschwert ins Wasser legen. Durch Alkohol aromatisierte Planken natürlich nur auf der Außenseite wässern, damit die Aromen nicht ausgespült werden.

Das Brett im Grill bei hoher direkter Hitze vorheizen, bis es anfängt zu knacken. Dann ein gewürztes Lachsfilet ohne Haut, aber mit der Hautseite nach unten auf das vorgeheizte Brett legen. Das Brett jetzt in der direkten Zone auf den Grill legen. Wenn es zu rauchen beginnt, in die indirekte Zone des Grills schieben. Falls das Brett Feuer fängt, könnt Ihr es mit Wasser aus einer Sprühflasche löschen.

Das gebrauchte Brett mit heißem Wasser, Bürste und ohne Spülmittel reinigen und trocknen lassen. Bei der Wiederverwendung zuerst im Grill über direkter Hitze sterilisieren. Das Brett ist dann steril, ohne Spülmittelgeschmack.

Vorteile

Der Lachs bekommt kräftige Raucharomen und nimmt Rauchfarbe an.

Nachteile

Das Brett ist leider nur ein- bis zweimal verwendbar.

Option 2: mit dem Aromabrett

Das Räucherbrett mindestens eine Stunde wässern. Durch Alkohol aromatisierte Planken nur auf der Außenseite wässern, damit die Aromen nicht ausgespült werden.

Das Lachsfilet ohne Haut, aber mit der Hautseite nach unten auf das kalte Brett legen. Das Brett jetzt in der direkten Zone auf den Grill legen. Wenn es zu knistern beginnt, in die indirekte Zone des Grills schieben oder die Hitze reduzieren.

Das Wasser im Brett fängt jetzt an zu dampfen und die ätherischen Öle vom Holz gehen in den Lachs über. Mit dieser Methode wird genau genommen nicht geräuchert, man überträgt nur die feinen ätherischen Öle.

Das gebrauchte Brett mit heißem Wasser, Bürste und ohne Spülmittel reinigen und trocknen lassen. Bei der Wiederverwendung zuerst im Grill über direkter Hitze sterilisieren.

Vorteile

Das Eigenaroma vom Lachs wird hier nicht überdeckt, sondern durch die ätherischen Öle ergänzt. Das Brett kann mindestens drei- bis viermal verwendet werden.

Nachteile

Aus unserer Sicht keine!

GRILLMEISTER-TIPP "SAFE THE MONEY":
Verbrauchte Bretter mit Wasser und Bürste säubern und trocknen lassen, anschließend zerkleinern und als Räucherchips verwenden.

SAUBERE SACHE:
GRILLS PUTZEN

AUSBRENNEN, ABBÜRSTEN UND FÜR KLARE VERHÄLTNISSE
SORGEN: SO HAT MAN LANGE FREUDE AN SEINEM GRILL

Das Wichtigste mal vorab: Wir grillen auf sauberen Rosten! Dafür vor jedem Grillen den Grill einmal richtig aufheizen, dann mit der Edelstahlbürste die Roste bürsten und anschließend mit einer Kokosbürste abbürsten. Wenn es nötig ist, den Rost etwas einölen und schon kann gegrillt werden.

Ein Grill ist kein Backofen, der immer vor Sauberkeit strahlt. Wenn etwas sauber und ordentlich aussieht, bedeutet dies nicht gleichzeitig, dass es hygienisch rein ist. Daher noch einmal die drei wichtigsten Tipps: Ausbrennen! Ausbrennen! Ausbrennen! Bei dieser Hitze überlebt nichts ...

Nach dem Grillen den Grill am besten nochmals aufheizen und richtig ausbrennen. Sobald es aufhört aus dem Grill zu rauchen, ist der Grill trocken und kann gebürstet werden. Viele Grillmeister sparen sich das und brennen erst vor dem nächsten Grillen wieder aus. Ökologisch gesehen ist das schon richtig, aber es entspricht eben nicht unserer Vorstellung von Sauberkeit.

Hin und wieder ist eine **Grundreinigung** nötig. Dafür bürstet man im Gasgrill auch mal die dreieckigen Abdeckbleche der Brenner. Die Innenwanne ausbürsten und den gelösten Schmutz

nach unten in die Auffangwanne fegen. Die Auffangwanne muss nicht nach jedem Grillen gereinigt werden, sollte aber so sauber sein, dass Fett und Bratensäfte gut in die Tropfschale ablaufen können. Werden die Grills nach jedem Grillen gleich ausgebrannt, ist die Auffangwanne in der Regel trocken und lässt sich sehr einfach mit einem festen Spatel oder Spachtel auskratzen. Anschließend noch ausreiben und fertig.

GRILLMEISTER-TIPP:

Es ist wichtig, die Auffangwanne sauber zu halten, sonst entsteht sehr schnell ein Wannenbrand. Erst recht muss man darauf achten, dass die Tropfschalen nicht überlaufen. Denn das Fett kann dann brennen, und das ist gefährlich!
Wir bürsten übrigens auch hin und wieder unsere Brenner. Einfach entzünden und während sie brennen, mit der Edelstahlbürste drübergehen, fertig.

Um den **Deckel zu reinigen,** die Innenseite mit ein wenig Grillreiniger einsprühen, Haushaltstücher auf die eingesprühten Flächen legen, leicht andrücken und dann nochmals mit dem Reiniger auf das Papier sprühen. Je nach Verschmutzung mehr oder weniger lange einwirken lassen, entfernen, mit einem Schwamm abbürsten und mit Seifenwasser nachreinigen – fertig!

Beim **Holzkohlegrill** gilt: Am besten nach dem Grillen gleich noch ausbrennen. Ich stelle gerne zwischendurch mal die ausgebrannten Holzkohlekörbe direkt auf den Grillrost und bewege sie etwas hin und her, die Asche nimmt hervorragend das Fett vom Rost auf und wirkt wie ein feines Schleifpapier.
Die Asche lässt sich leicht durch das Lüftungssystem entsorgen. Wenn sie schon kalt ist, kann man sie auch sehr gut ausfegen. Mit einem Staubsauger geht's am schnellsten, aber bitte nur, wenn die Asche kalt ist. Die Kessel selbst lassen sich gut mit Seifenlauge und Bürste reinigen.

Das Ausbrennen dauert beim **Elektrogrill** meist etwas länger, dennoch ist es für uns Grillmeister immer die erste Wahl. Die meisten Elektrogrills sind so entworfen, dass viele Teile auch in der Spülmaschine gereinigt werden können. Aber mal ehrlich, die einfachste Methode ist nicht immer die beste ...

Vor jedem Grillen den Grill ordentlich aufheizen. So werden alle Keime abgetötet. Danach mit einer Bürste den Rost abreiben, gegebenenfalls etwas Fett auf den Rost, und schon kann es los gehen

SAFTIGES POTTSTEAK

MIT JÄGERMEISTERZWIEBELN UND BRATKARTOFFELN

ZUTATEN

STEAKS

4	Steaks à 200 g (Rumpsteak, Rib Eye oder Filet)

JÄGERMEISTERZWIEBELN

300 g	Zwiebeln
60 g	Butter
50 g	brauner Zucker
100 ml	Jägermeister
10 g	Estragon, getrocknet
5 g	Chili

BRATKARTOFFELN

450 g	festkochende Kartoffeln (vorgekocht)
50 g	rote Zwiebel
50 g	Petersilie
125 g	Speckwürfel
10 g	Salz
5 g	Pfeffer
	Rapsöl

REZEPT Stephan Zwikirsch

1 JÄGERMEISTERZWIEBELN

Auf dem Seitenkocher vom Grill oder auf dem Rost eine Pfanne oder eine Plancha direkt auf 180 bis 200 Grad vorheizen.

Die Zwiebeln in feine Streifen schneiden. Die Butter in die Pfanne oder Plancha geben und schmelzen lassen. Nun die Zwiebeln hinzugeben und etwas anbraten. Bei Zubereitung im Grill den Deckel geschlossen halten. Mit braunem Zucker die Zwiebeln etwas karamellisieren lassen. Anschließend mit Jägermeister ablöschen. Estragon und Chili dazugeben und so lange einkochen, bis keine Flüssigkeit mehr zu sehen ist. Bereithalten.

2 BRATKARTOFFELN

Für die Bratkartoffeln die vorgekochten Kartoffeln pellen und würfeln. Zwiebel in feine Streifen schneiden, Petersilie fein hacken. Eine weitere Pfanne oder Plancha auf dem sehr heißen Grill (250 bis 270 Grad) 15 Minuten vorheizen. Nun etwas Öl in die Pfanne oder Plancha geben und die Kartoffeln scharf anbraten Sobald die Kartoffeln eine schöne Bräune haben, Speckwürfel und Zwiebeln hinzugeben. Weitere fünf Minuten mit anbraten. Zum Schluss kommt die Petersilie hinzu und das Ganze wird mit Salz und Pfeffer abgeschmeckt. Kurz beiseitestellen.

3 STEAKS

Jetzt werden die Steaks auf dem Rost auf der direkten Zone bei 250 Grad scharf angegrillt (maximal eine Minute pro Seite). Anschließend wird das Steak auf der indirekten Zone bei 200 Grad auf eine Kerntemperatur von 52 Grad gebracht (Medium), das dauert etwa fünf Minuten. Das Steak sollte, nachdem es die Kerntemperatur erreicht hat, etwa eine Minute ruhen.

BEEF LOLLIES

MIT WHISKY-BUTTER-KARTOFFEL

ZUTATEN

BEEF LOLLIES

2	Beef Short Ribs mit je 4 Knochen

15 g	schwarzer Pfeffer, geschrotet
15 g	gröberes Meersalz
40 g	Hickory Räucherchips
400 ml	Rinderfond
100 g	Butter

WHISKY-BUTTER-KARTOFFELN

4	mittelgroße, mehligkochende Kartoffeln

80 g	Butter, geschmolzen
20 ml	Ahornsirup
40 ml	Bourbon Whisky
	Salz und Pfeffer

ZUBEHÖR

Bratenschnur zum Binden
Backpapier und Alufolie
Grillfeste Form mit Gittereinsatz

REZEPT Tobias Walker

1 Die Ribs auf die Fleischseite legen und die Membran von der Knochenseite abziehen. Mit einem Messer das Fleisch zwischen den Knochen teilen und in vier gleichmäßige Stücke schneiden. Mit einem kleinen Messer das Fleisch rechts und links vom Knochen lösen und bis auf drei Zentimeter auch von der Knochen-Oberseite. Die Knochenhaut des freiliegenden Knochens komplett entfernen. Das Fleisch mit Salz und Pfeffer würzen und aufrollen. Mit der Bratenschnur rechts und links des Knochens fixieren.

2 Den Grill für 150 bis 160 Grad indirekte Hitze vorbereiten. Die Beef Lollies in die indirekte Zone legen und die Räucherchips in die Glut oder Räucherbox geben und für 20 Minuten räuchern.

3 Rinderfond und Butter in eine Auflaufform mit Gittereinsatz geben und die Lollies hineinlegen. Dabei darauf achten, dass sie nicht im Fond liegen, sondern darüber. Ein Kernthermometer in einem Beef Lollie platzieren und die Form mit Backpapier und Alufolie verschließen. Die Form zurück in die indirekte Zone stellen und weiter für drei Stunden garen lassen, bis die Beef Lollies eine Kerntemperatur von 90 bis 95 Grad erreicht haben.

4 Nach der Hälfte der Garzeit der Beef Lollies die Kartoffeln mit in die indirekte Zone geben. Dafür die Kartoffeln vorher gründlich waschen und abtrocknen. Ein Kreuz in die Kartoffel einschneiden (aber nicht durchschneiden), in Backpapier und Alufolie einwickeln und so in den Grill legen. Sobald die Beef Lollies fertig sind und die Kartoffeln weich, wird alles vom Grill genommen und der Grill auf 250 Grad aufgeheizt.
Die Beef Lollies aus der Form nehmen und noch einmal kurz auf direkter Hitze angrillen.

5 In einer Schüssel Ahornsirup und Whisky mit der geschmolzenen Butter vermischen. Mit Salz und Pfeffer würzen.
Die Kartoffeln auspacken, etwas auseinanderdrücken und mit der Buttermischung beträufeln. Zurück in die indirekte Zone stellen, bis die Kartoffel leicht knusprig ist.

GRILLMETHODE Direkt bei 250 Grad · Indirekt bei 150–160 Grad ·
Garzeit: 3,5 Stunden · Kerntemperatur: 90–95 Grad

Für 4 Personen
Zubereiten: 10 Minuten
Fermentieren: 2 mal 10 Tage
Marinieren: 1 Tag
Grillen: 2 Minuten bei 250 Grad
auf der heißen Plancha

BULGOGI MIT KIMCHI

DAS KOREANISCHE FESTTAGSGERICHT NUMMER EINS

ZUTATEN

KIMCHI

1	Chinakohl (etwa 1 kg)
80 g	feines Meersalz
2	Knoblauchzehen, geschält
20 g	feines Meersalz
20 g	brauner Zucker
6 g	Lorbeerblatt
20 g	geriebener frischer Ingwer
10 g	Chili

BULGOGI

600 g	Rinderfilet
6 g	Knoblauchzehen, geschält
20 g	geriebener Ingwer
20 g	weiße Sesamkörner
10 g	brauner Zucker
50 ml	Sojasauce
10 ml	geröstetes Sesamöl
100 g	Glasnudeln
100 g	frische Mungbohnensprossen
20 g	frischer Koriander

REZEPT Mirko Schweiger

 1 KIMCHI

Die Chinakohlblätter vom Strunk entfernen, auf einem Schneidebrett mit der Hand platt drücken. Mit dem Salz lagenweise in eine Frischhaltebox mit Deckel, ähnlich einer Lasagne, einschichten und festdrücken. Die Dose mit dem Deckel fest verschließen und an einem kühlen (zehn bis zwölf Grad), dunklen Ort **zehn Tage fermentieren lassen**. Danach die Chinakohlblätter unter fließend kaltem Wasser abwaschen und mit einem Küchentuch trocken tupfen.

 2

Knoblauch schälen, mit den Chilischoten fein hacken und mit dem geriebenen Ingwer, Zucker und Salz mischen. Die Chinakohlblätter wieder lagenweise mit der Gewürzpaste in die Frischhaltedose schichten und festdrücken. **Weitere zehn Tage fermentieren lassen**. Danach den Chinakohl auf ein Schneidebrett stürzen. Mit einem Messer in mundgerechte Würfel schneiden.

 3 BULGOGI

Das Rinderfilet in vier Millimeter dicke Scheiben schneiden. Knoblauch schälen und sehr fein würfeln. In eine Schüssel geben und mit geriebenem Ingwer, den weißen Sesamkörnern, braunem Zucker, Sojasauce und dem Sesamöl gut verrühren. Die Rinderfiletscheiben in die Schüssel mit der Marinade geben, gut vermengen. Abgedeckt über Nacht im Kühlschrank marinieren.

 4

In einer Schüssel die Glasnudeln mit kochendem Wasser übergießen, ziehen lassen und nach drei Minuten abgießen.
Die Plancha auf etwa 250 Grad vorheizen. Die marinierten Fleischscheiben zusammen mit den Mungbohnen und den Glasnudeln auf die heiße Plancha legen. Deckel vom Grill schließen. Nach zwei Minuten die heiße Plancha mit dem Bulgogi vom Grill nehmen, mit dem grob gehackten Koriander bestreuen und das Bulgogi auf der Plancha heiß am Tisch servieren. Die Kimchi-Würfel dazu reichen. Perfekte Beilage: gedämpfter Jasminreis.

GRILLMETHODE Direkt auf der Plancha bei 250 Grad · Garzeit: 2 Minuten

PICANHA VOM GRILL

MIT MAIS-PASTELERA UND PEBRE

ZUTATEN

PICANHA

800 g	Picanha (südamerikanischer Tafelspitz vom Rind)
10 g	feines Meersalz

MAIS-PASTELERA

400 g	Gemüsemais aus der Dose
100 g	Zwiebeln
20 g	Knoblauch
8	Basilikumblätter
100 g	Butter
150 ml	Vollmilch
2 g	Salz
50 g	Zucker
5 g	Gewürzmischung aus: Kreuzkümmel, Koriandersamen, Oregano und schwarzem Pfeffer

PEBRE

100 g	Fleischtomaten
5 g	Knoblauch
15 g	Schalotten
25 g	Koriander
30 ml	frischer Zitronensaft
100 ml	Olivenöl
2 g	Chilischote oder Chilipulver (nach Geschmack) Salz, Pfeffer und Zucker zum Würzen

REZEPT Roberto Venturino

 PICANHA

Die Picanha mit einem Küchenpapier trocken tupfen. Mit einem scharfen Messer das Fett rautenförmig einschneiden und das Fleisch mit dem Meersalz einreiben.

Den Grill für direktes Grillen bei 240 bis 300 Grad vorbereiten. Den Grillrost mit Küchenpapier und Pflanzenöl einreiben. Die Picanha auf die direkte Zone des Grills legen und bei geschlossenem Deckel pro Seite für eineinhalb bis zwei Minuten grillen. Auf einen Bratenhalter legen und den Grill für indirektes Grillen bei 140 bis 160 Grad einstellen. Fleisch nun bis zur gewünschten Kerntemperatur (54 bis 64 Grad) indirekt grillen. Vor dem Servieren die Picanha mindestens fünf Minuten ruhen lassen.

 MAIS-PASTELERA

Den Mais in einem Sieb abtropfen lassen. Anschließend mit den Basilikumblättern in einem Mixer grob zerkleinern, es darf kein Mus entstehen! Zwiebel und Knoblauch pellen, fein würfeln und in einer Pfanne mit etwas Butter glasig anschwitzen. Die Gewürzmischung hinzugeben, kräftig rühren und zu der Mais-Basilikum-Masse geben. Alles mit Milch, Salz und einem Esslöffel Zucker gründlich vermengen. Die Masse in vier kleine feuerfeste Auflaufformen füllen. Für die Kruste den restlichen Zucker über die Masse streuen. Die Auflaufformen auf die indirekte Zone des Grills legen und bei 180 bis 200 Grad etwa 20 bis 25 Minuten backen, bis die Kruste braun und fest ist.

 PEBRE

Tomaten für zehn bis 15 Sekunden in kochendem Wasser blanchieren und in Eiswasser abschrecken. Die Haut der Tomaten abziehen, das Kerngehäuse entfernen und das Fruchtfleisch in kleine Würfel schneiden. Knoblauch und Schalotten in sehr feine Würfel schneiden. Koriander ebenfalls fein schneiden. Alle Zutaten in einer Schüssel vermengen. Mit Salz, Pfeffer, Zucker und Zitronensaft würzen.

GRILLMETHODE Direkt bei 240–300 Grad · Indirekt bei 140–160 Grad
Garzeit: Je nach Fleischqualität etwa 30 Minuten · Kerntemperatur: 54–64 Grad

PASTRAMI SANDWICH

MIT SENF-KRAUTSALAT UND SYLTER BROT

ZUTATEN

PASTRAMI

3 kg	Rinderhüfte

PÖKELLAKE

100 g	Pökelsalz
50 g	brauner Zucker
5 g	Senfsaat
1 g	Zimt
3	Nelken

RUB

200 g	Salz
50 g	brauner Zucker
35 g	Paprika, edelsüß
5 g	Melange noir (von Altes Gewürzamt)
3 g	Knoblauchpulver
1 g	Cayennepfeffer
5 g	Senfpulver
2 g	Senfsaat
2 g	Selleriesaat
20 g	fertiger Rub pro Kilo Fleisch

KRAUTSALAT

1,5 kg	Weißkohl oder Spitzkohl
200 g	Karotten
20 g	Salz
20 g	Zucker
10 ml	weißer Balsamico-Essig
250 g	Schmand
250 ml	Mayonnaise
20 g	grober Senf
etwas	glatte Petersilie

AUSSERDEM

	Sylter Brot
etwas	Butter
4	Essiggurken
200 g	Cheddar
	frischer Meerrettich

REZEPT Stefan Schneider

1 PASTRAMI

Die Gewürze in einen Liter Wasser geben und nach einer Stunde das Salz beigeben. Die Hüfte **24 Stunden einlegen** – gegebenenfalls vakuumieren. Das gepökelte Fleisch aus der Lake nehmen, abtupfen und mit dem Rub einreiben. Das Fleisch **erneut 24 Stunden in Folie** gewickelt im Kühlschrank ruhen lassen.

2

Die Räucherchips einweichen. Den Grill auf 100 Grad indirekt vorbereiten und die Hüfte in der indirekten Zone auf 56 Grad Kerntemperatur garen. Gleich zu Beginn die Räucherchips auf die Glut legen oder im Gasgrill mit dem Räucherkorb arbeiten.

3 KRAUTSALAT

Weißkohl, Petersilie und Karotten waschen. Den Weißkohl vom Strunk befreien, vierteln und mit einem Asiahobel fein hobeln. Den aufgeschnittenen Weißkohl mit Salz, Zucker und Essig marinieren und kneten, bis er geschmeidig ist. Die überschüssige Flüssigkeit abgießen. Die Karotten fein raspeln und die Petersilie fein schneiden. Karottenjulienne und Weißkohl miteinander mischen. Petersilie, Schmand, Mayonnaise und Senf unterheben und abschmecken.

4 ANRICHTEN

Das Brot in Scheiben schneiden und mit Butter bestreichen. Die Scheiben mit der Butterseite nach oben kurz anrösten, drehen und rösten. Den Krautsalat darauf anrichten. Pastrami und Essiggurken in feine Scheiben schneiden und auf dem Krautsalat anrichten. Etwas Cheddar und Meerrettich darüberreiben.

Für 4 Personen
Zubereiten: 40 Minuten
Grillen: 30–40 Minuten
Indirekt bei 140–160 Grad
Direkt bei 200 Grad

SURF & TURF ROLL –
ROULADE 2.0

MIT GEGRILLTEN BOHNEN

ZUTATEN

SURF & TURF ROLL

2	Flat Iron Steaks à 400–500 g
5 g	schwarzer Pfeffer, geschrotet
5 g	feines Meersalz
3 g	brauner Zucker
2 g	Zwiebelpulver
2 g	Senfpulver
2 g	Knoblauchpulver
1 g	Chili, geschrotet
12	Garnelen, roh, geschält
60 ml	Olivenöl
8	Scheiben Landschinken (luftgetrocknet)

GEGRILLTE BOHNEN

250 g	grüne Bohnen
50 g	Bacon in Würfeln
2	Schalotten in Würfeln
	Bratfett
40 ml	Weißwein
25 g	Butter
20 g	grober Dijon-Senf
1 Prise	Bohnenkraut
	Salz und Pfeffer

REZEPT Tobias Walker

1 SURF & TURF ROLLS
Die Flat Irons im Schmetterlingsschnitt quer aufschneiden und aufklappen. Pfeffer, Meersalz, braunen Zucker, Zwiebel-, Senf- und Knoblauchpulver sowie den Chili in einer Schüssel vermengen. Das Fleisch und die Garnelen mit der Gewürzmischung würzen.

2 Die Garnelen so auf dem Fleisch platzieren, dass man das Fleisch drumherum aufrollen kann. Die Rolls mit der Hälfte des Olivenöls einölen. Je vier Scheiben des Landschinkens nebeneinander, leicht überlappend auf ein Küchenbrett legen und die Rolls mittig darauf platzieren. Gleichmäßig einrollen, so dass die komplette Rolle ummantelt ist. Mit dem restlichen Olivenöl nochmals vorsichtig einölen.

3 Den Grill für 140 bis 160 Grad indirekte Hitze vorbereiten. Die Rolls auflegen und ein Kernthermometer mittig einsetzen. Grill schließen. Sobald die Rolls eine Kerntemperatur von 56 bis 58 Grad erreicht haben, vom Grill nehmen und warm stellen.

4 GEGRILLTE BOHNEN
In der Zwischenzeit die Bohnen putzen und die Enden abschneiden. Bohnen halbieren. Die restlichen Zutaten bereitstellen.

5 Den Grill auf 200 Grad direkter Hitze aufheizen lassen. Etwas Bratfett in eine Gusseisenpfanne geben und die grünen Bohnen darin anbraten. Sobald diese etwas Farbe angenommen haben, den Bacon zugeben und ebenfalls etwas anbraten. Schalottenwürfel, Bohnenkraut und Senf dazugeben und mit dem Weißwein kurz ablöschen. Pfanne vom Grill nehmen und die Butter unterrühren. Mit Salz und Pfeffer abschmecken.

6 Zum Servieren die Rolls in einen Zentimeter dicke Scheiben schneiden und mit den grünen Bohnen anrichten.

GRILLMETHODE Roll: Indirekt bei 140–160 Grad · Kerntemperatur: 58 Grad
Bohnen: Direkt bei 200 Grad

RINDERBACKEN IN BIERSAUCE

MIT RÖSTGEMÜSE AUS DEM DUTCH OVEN

ZUTATEN

RÖSTGEMÜSE

50 g	Möhren
50 g	Petersilienwurzel
1	Lauchstange
100 g	Zwiebeln
400 g	Champignons

RINDERBACKEN

1 kg	parierte Rinderbacken
	Öl zum Grillen
	Salz und Pfeffer

BIERSAUCE

1 Liter	helles Bier
200 ml	Rinderfond
1	Lorbeerblatt
10 g	Pfefferkörner
5 g	Tomatenmark
150 g	Waldbeeren
etwas	Speisestärke nach Bedarf

REZEPT Marco Stolze

RÖSTGEMÜSE

Die Möhren, Petersilienwurzel und die Zwiebeln schälen und würfeln. Lauch und Champignons in Scheiben schneiden.

RINDERBACKEN UND SAUCE

Die Backen parieren, mit Salz und Pfeffer würzen. Dann den Grill mit dem Dutch Oven auf 200 Grad zum direkten Grillen vorbereiten.

Jetzt die Backen im Dutch Oven mit Öl von allen Seiten scharf anbraten. Das Fleisch herausnehmen und das Röstgemüse im Bratfett langsam anrösten. Das Tomatenmark dazugeben, auch kurz mitrösten und mit einem Drittel Liter Bier ablöschen. Die Flüssigkeit leicht reduzieren lassen. Dann nach und nach mit Bier und Fond auffüllen. Lorbeerblatt, Waldbeeren und Pfefferkörner sowie das angebratene Fleisch dazugeben und etwa zwei Stunden auf kleiner Flamme mit geschlossenem Deckel im Dutch Oven schmoren lassen. Danach die weich geschmorten Backen herausnehmen und warm stellen.

Die Sauce durch ein Sieb passieren und nach Geschmack noch etwas reduzieren lassen. Eventuell mit etwas Speisestärke abbinden. Die Sauce wird feiner, wenn man sie nach dem Reduzieren mit 100 Gramm kalter Butter aufschlägt.

Das Fleisch wieder in die Sauce geben und servieren.

MARCOS TIPP

Wenn der Fleischer die Rinderbacken nicht pariert anbietet, muss das Gewicht um mindestens 500 Gramm erhöht werden, da durch das Entfernen von Fett und Sehnen viel Abschnitt anfällt.

Für 4 Personen
Zubereiten: 60 Minuten
Teig gehen lassen: 30 Minuten
Grillen: 4 Minuten
auf dem Pizzastein bei 250 Grad

KREUZBERGER RAKETE

GEFÜLLT MIT DEFTIGEM RINDERHACK

ZUTATEN

LAHMACUN-TEIG

400g	Mehl (Type 405, besser 550)
210 g	Wasser
9 g	Salz
	Mehl zum Ausrollen

BELAG

300 g	Rinderhackfleisch
90 g	Gemüsezwiebel
60 g	grüne Paprika
100 g	rote Paprika
150 g	Fleischtomate
6 g	Knoblauch
40 ml	Wasser
8 g	süßes Paprikapulver
1,5 g	Cayennepfeffer
2 g	frisch gemahlener Pfeffer
5 g	Salz
15 g	neutrales Öl
30 g	Tomatenmark
14 g	glatte Petersilie

DRESSING

200 g	Naturjoghurt
1 Prise	Salz
10 g	frische Minze
1/2	Zitrone

FÜLLUNG

150 g	Spitzkohl
120 g	Romana-Salatherzen
40 g	Olivenöl
18 g	Apfelessig
6 g	Honig
100 g	Datteltomaten
	Salz, Pfeffer
2	Bio-Zitronen

REZEPT Silvia Bursche

 VORBEREITUNG

Für den Teig alle Zutaten zu einem homogenen Teig verarbeiten und 30 Minuten abgedeckt bei Raumtemperatur ruhen lassen.
In einer großen Schüssel Öl, Wasser, Cayenne- und Paprikapulver, Tomatenmark, Salz und Pfeffer mit dem Schneebesen glatt rühren und zur Seite stellen.

 Die Tomate 30 Sekunden in siedendes Wasser geben, eiskalt abschrecken, pellen, vom Strunk befreien und vierteln. Das Fruchtfleisch mit dem restlichen Gemüse für den Belag in der Küchenmaschine bis etwa auf Linsengröße zerkleinern. Rinderhack und Belag zu der Öl-Gewürzmischung in die Schüssel geben und gut vermengen. Anschließend mit Folie abdecken und bis zur Verwendung kalt stellen. Für das Dressing den Joghurt mit einer Prise Salz und dem Saft einer halben Zitrone würzen und die gehackte Minze unterrühren. Kalt stellen.

 Für die Füllung Salat und Spitzkohl waschen, vom Strunk befreien und sehr fein hobeln oder schneiden. In einer Schüssel Olivenöl, Apfelessig, Honig, Salz und Pfeffer vermischen, dann Spitzkohl und Salat unterarbeiten. Datteltomaten in Scheiben schneiden.

 AM GRILL

Den Grill auf 250 Grad mit dem Pizzastein vorheizen. Nun den Teig in vier Kugeln formen und nacheinander etwa 1,5 Millimeter dick ausrollen. Den Belag dünn auf dem Teig verteilen und die Fladen auf dem Pizzastein vier Minuten ausbacken, bis der Rand leicht braun ist. Nebenher jeweils eine halbe Zitrone auf der Schnittfläche auf dem Rost mitgrillen.

Den Fladen herausnehmen. Salat, Tomaten und Minzdressing darauf verteilen und mit der gegrillten Zitrone nappieren. In Backpapier einrollen und sofort genießen.

WAGYU SKIRT
IM TORTILLA-WRAP

MIT AVOCADO, HUMMUS UND SAURER SAHNE

ZUTATEN

700 g	Skirt Steak vom Wagyu-Rind am Stück

MARINADE

5 g	5-Gewürze-Pulver (Asia-Laden)
2 g	Pfeffer, frisch gemahlen
3	Knoblauchzehen, fein gehackt
8 g	Sesam
15 g	Sesamöl
60 g	helle Sojasauce

FÜLLUNG TORTILLA-WRAP

4	Weizen-Tortillas (Durchmesser ca. 28 cm)
1	rote Zwiebel, in Streifen
8	Radieschen
3	Stangen Frühlingslauch
2	Avocados
1	Limette
1	kleiner Bund Koriander
1 Prise	Flockensalz

AUSSERDEM

150 g	Hummus
150 g	saure Sahne

REZEPT Kai Menzenbach

1 FLEISCH MARINIEREN

Vor dem Marinieren das Skirt Steak mit einem scharfen Messer vorsichtig vom Fettdeckel befreien. Das Skirt Steak rundherum mit dem 5-Gewürze-Pulver und dem gemahlenen Pfeffer würzen. Die Knoblauchzehen schälen und in kleine, feine Stücke hacken. Den Knoblauch zusammen mit dem Sesam, dem Sesamöl und der hellen Sojasauce in den Gefrierbeutel geben. Jetzt das gewürzte Skirt Steak in den Beutel stecken. Etwas durchkneten, damit sich die Marinade gut verteilt. Den Beutel für eine Stunde zum Marinieren in den Kühlschrank geben.

2 WRAP-FÜLLUNG

Rote Zwiebel schälen und in Streifen, Radieschen in feine, dünne Scheiben und Frühlingslauch in 0,5 Zentimeter breite Ringe schneiden. Das Fruchtfleisch der Avocados auslösen und mit einer Gabel zerdrücken, sodass ein grobes Püree entsteht. Den Saft einer halben Limette über das Avocadopüree geben und gut vermengen. Hummus, saure Sahne und abgezupfte Korianderblätter bereitstellen.

3 AM GRILL

Das Skirt Steak aus dem Marinierbeutel nehmen und abtupfen. Den Grill auf 250 Grad direkte Hitze vorheizen. Das Skirt Steak von beiden Seiten scharf angrillen, bis das Fleisch eine Kerntemperatur von 54 Grad erreicht hat. Das Fleisch nach dem Grillen noch fünf Minuten offen auf einem Brett ruhen lassen.
Das Steak dann längs der Faser in zehn Zentimeter breite Stücke schneiden und diese dann quer zur Faser in etwa 1,5 Zentimeter breite Tranchen schneiden.

4 ANRICHTEN

Den Wrap mit saurer Sahne, Avocadopüree und Hummus bestreichen und die Steak-Tranchen auflegen. Rote Zwiebel, Radieschen, Frühlingslauch, Koriander, etwas Salz und einen Spritzer Limettensaft auf den bestrichenen Wrap geben. Den Wrap nun unten einmal falten, zusammenrollen und warm servieren.

Für 4 Personen
Zubereiten: 40 Minuten
Eier räuchern: 10–15 Minuten
Grillen Tatar: 2 Minuten
Indirekt bei 100–120 Grad
Direkt bei 180–200 Grad

MÄNNERFRÜHSTÜCK
MIT SMOKED EGGS

UND GEGRILLTEM TATAR SOWIE LECKERER SPINATCREME

ZUTATEN

4	Eier, Größe L
10 g	Rapsöl
60 g	Räucherchips Buche
4 g	Fichten-Rauch-Salz von Forum Culinaire
5 g	Worcestersauce
1	Lorbeerblatt
	Salz, Pfeffer
150 g	Blattspinat (TK oder frisch)
150 g	griechischer Joghurt
150 g	Crème fraîche
	Salz, Pfeffer und Muskat
400 g	Roastbeef Steak
6 g	Fichten-Rauch-Salz von Forum Culinaire
	schwarzer Pfeffer
	Cayennepfeffer
25 g	Schalotten, geschält
5 g	Knoblauch, geschält
20 g	helle Sojasauce
2	Eigelb
	Senfkaviar (Seite 62) als Deko

REZEPT Gerhard Volk

1 EIER MIT BUCHENRAUCH

Holzkohlegrill für indirektes Grillen bei 100 bis 120 Grad vorbereiten und eine Gusspfanne auf die direkte Zone stellen. Die Eier auf der stumpfen Seite einstechen (Luftkammer), mit einer Schaumkelle in kochendes Wasser geben und fünf bis sieben Minuten kochen. Anschließend für zehn Minuten in kaltes Wasser legen, dann vorsichtig schälen und darauf achten, dass das Eiweiß nicht beschädigt wird.

2

Die geschälten Eier mit Rapsöl einreiben, auf die indirekte Zone legen, Buchenchips direkt auf die Glut geben.
Sofort Deckel vom Grill auflegen, Lüfter-Rad zu drei Viertel schließen und die Eier zehn bis 15 Minuten bernsteinfarben räuchern. Eier aus dem Grill nehmen und den Grill auf 180 bis 200 Grad aufheizen.

3 SPINATCREME

Spinat auftauen und ausdrücken (frischen Spinat vorher blanchieren), grob zerkleinern und mit dem Joghurt sehr fein mixen. Crème fraîche und Gewürze beifügen und zu einer glatten Creme rühren. Nicht mixen! Sauce passt auch gut auf Hamburger.

4 ROASTBEEF-TATAR

Roastbeef vollständig von Sehnen und Häutchen befreien. Das Fleisch zu einem feinen Tatar schneiden und mit Salz, Pfeffer und Cayenne würzen. Wer es eilig hat, nimmt den Wolf mit der 3-Millimeter-Scheibe. Schalotten und Knoblauch sehr fein würfeln und zusammen mit der Sojasauce und dem Eigelb zum Tatar geben. Die Masse locker, aber gründlich vermengen, der Personenanzahl entsprechend aufteilen und durch Anrichteringe formen. Das Tatar auf den Grill und zwei Minuten einseitig mit offenem Deckel grillen.

GRILLMETHODE Direkt bei 180–200 Grad · Indirekt bei 100–120 Grad ·
Garzeit für die Räucher-Eier: 10–15 Minuten · Garzeit Tatar: 2 Minuten
BORN TO GRILL   59

Für 15–25 Personen
Zubereiten: 30 Minuten
Marinieren: 24 Stunden
Ruhen lassen: 1,5 Stunden
Grillen: 4–5 Stunden
Mit Wasserdampf bei 110 Grad

HOLY SHIT!
UNSER BEEF BRISKET

ZUTATEN

5–6 kg Rinderbrust

40 Meersalz
30 g Pfeffer, geschrottet
30 g brauner Zucker

150 ml Flüssigkeit wie z.B. Bier,
Apfelsaft oder Rinderfond

ZUBEHÖR
Thermobox

REZEPT Patrick Bayer

 MARINADE

Gewürze im Mörser zerstoßen dann Zucker zufügen. Die Rinderbrust von zu viel Fett und Sehnen befreien, es sollte jedoch noch mindestens eine fingerdicke Fettauflage am Fleisch verbleiben. Das Brisket **24 Stunden vor der Zubereitung mit dem Rub einreiben** und gut verpackt kühl lagern und marinieren lassen.

 WASSERSMOKER, SMOKEFIRE ODER NORMALER GRILL

Für die Zubereitung der Rinderbrust gibt es mehrere Wege – je nachdem, was Ihr für einen Grill habt, ist eben alles etwas unterschiedlich. Wenn Ihr mit einem Wassersmoker arbeitet, legt Ihr die Briketts in einem Kreis mit Abstand auf und fügt auf einer Seite glühende Briketts (zwölf Stück) dazu. Die Wasserschale füllen und mit den Lüftungsreglern die Temperatur auf 110 Grad einstellen.
Mit einem SmokeFire den Grill anfangs auf 90 Grad einstellen. Für einen intensiven Rauchgeschmack zu Beginn für eine Stunde die Boost-Funktion nutzen. Danach auf 110 Grad hochfahren. Mit einer Wasserschale kann die Luftfeuchtigkeit erhöht und das Grillergebnis optimiert werden. Im Kohle- oder Gasgrill stellt Ihr Euch 110 bis 130 Grad ein und platziert unter dem Brisket eine Wasserschale.

 ZUBEREITUNG

Vier Räucher-Chunks (Hickory) in die Glut legen, das Brisket mit der Fettseite nach unten auf den Grill setzen und in vier bis fünf Stunden auf eine Kerntemperatur von 80 Grad bringen. Dann in Backpapier und Alufolie einpacken, dabei die Flüssigkeit zugeben. Anschließend wieder auf den Grill legen und auf 90 Grad Kerntemperatur bringen.

Wenn die Temperatur erreicht ist, das Brisket vom Grill nehmen und für mindestens 1,5 Stunden in einer Thermobox ruhen lassen. Dadurch kann sich das Fleisch entspannen und die Muskeln werden weich und saftig. Das Brisket kann nun aufgeschnitten werden. Wichtig: Unbedingt gegen die Fasern schneiden! Den Bratensaft über das Fleisch verteilen und mit Cole Slaw und Brot servieren.

UNSERE BESTEN
SAUCEN & DIPS

HANDMADE, GRUNDEHRLICH UND SAULECKER: HIER KOMMEN UNSERE SAUCEN- UND DIP-REZEPTE FÜR FLEISCH, FISCH & CO.

REZEPT Stefano Esposito

BBQ-SAUCE

150 g Karotten | **150 g** Zwiebeln | **80 g** Staudensellerie | **20 g** Rapsöl | **60g** brauner Zucker
300 ml Coca-Cola | **10** Espressobohnen
200 g Tomatenmark | **1** Prise Cayennepfeffer
50 g Honig | **24 g** Meersalz | **100 ml** Apfelsaft
80 ml dunkler Balsamico | **80 ml** weißer Balsamico | **200 g** gewürfelte Tomaten aus der Dose
1 Knoblauchzehe ohne Keim | schwarzer Pfeffer aus der Mühle | **30 g** Apfelholzchips

Das rohe Gemüse waschen, schälen und grob würfeln. In eine feuerfeste Form geben und mit dem Rapsöl vermischen. Apfelholzchips 30 Minuten wässern (immer nur in Wasser) und anschließend abtropfen lassen. Den Grill auf 120 Grad indirektes Grillen vorbereiten und das Gemüse 20 bis 30 Minuten räuchern. Das geräucherte Gemüse im Dutch Oven bei direkter Hitze goldbraun anbraten. Tomatenmark dazugeben und leicht anrösten, dann den Zucker zugeben und karamellisieren lassen. Mit dem Balsamico ablöschen. Sobald der Essig nicht mehr in der Nase beißt, können Dosentomaten, Apfelsaft und Cola dazugegeben werden. Das Ganze 45 Minuten leicht köcheln lassen, durch ein feines Sieb gießen und das Gemüse nicht mit durchdrücken. Salz, Pfeffer, Espressobohnen und den Honig dazugeben und alles bis zur gewünschten Konsistenz einköcheln lassen. Zum Schluss die Espressobohnen entnehmen. TIPP: Beim Erkalten wird die BBQ-Sauce noch fester.

REZEPT Gerhard Volk

BBQ FRUCHTIG

100 g Ketchup | **100 g** Paprika, gegrillt/geröstet (im Glas) | **100 g** frische Ananas | **40 g** Dijon-Senf
3 g Knoblauchpulver | **5 g** Zwiebelpulver
5 g Pimentón de la Vera (Rauchpaprika)
5 g Tabasco | Salz | Pfeffer

Alle Zutaten für die Sauce mit einem Mixer oder Pürierstab fein verarbeiten. Die Sauce aufkochen und bei schwacher Hitze fünf Minuten köcheln lassen. Mit Salz und Pfeffer würzen.

REZEPT Gerhard Volk

SENFKAVIAR

125 g Senfkörner | **500 ml** Wasser | **7 g** Meersalz
80 ml helles Weizenbier | **80 ml** Apfelsaft | **70 ml** Apfelessig | **2** Lorbeerblätter | **40 g** brauner Zucker

Senfkörner in einem Sieb gründlich waschen, dann zwölf Stunden in viel Wasser einweichen. Eingeweichte Senfkörner in ein Sieb geben und nochmals gründlich abspülen. Wasser aufkochen Salz und Senfkörner beifügen. Drei Minuten kräftig kochen lassen. Abschütten und abtropfen lassen. Jetzt Bier, Apfelsaft, Apfelessig, Lorbeer, Zucker und Senfkörner in den Topf geben, aufkochen und 15 Minuten sanft köcheln lassen. Die gekochten Senfkörner heiß in sterile Gläser füllen, verschließen und zwei Wochen reifen lassen. Nach dem Öffnen den Senfkaviar gekühlt aufbewahren.

REZEPT Mirko Schweiger

PIKANT-SÜSSE CURRYSAUCE

1 Apfel | 80 g Zwiebel (geschält) | 6 g Knoblauch-
zehen, geschält | 20 g brauner Zucker | 20 ml
Apfelessig | 10 ml Sojasauce | 200 ml Orangen-
limonade | 200 ml passierte Tomaten | 5 g Salz
5 g Pfeffer | 2 g Kreuzkümmel | 10 g mildes Curry
Pulver | Chiliflocken nach Geschmack

Apfel waschen, entkernen und mit Schale in
Würfel schneiden. Zwiebel und Knoblauch fein
würfeln. Den braunen Zucker, die Apfelwürfel,
Zwiebel- und Knoblauchwürfel in einen Topf geben und bei mittlerer Hitze auf dem Seitenkocher
des Grills andünsten. Mit dem Essig ablöschen,
dann die Limonade, Sojasauce und die passier-
ten Tomaten dazugeben. Den Sud um ein Drittel
reduzieren lassen. Salz, Pfeffer, Kreuzkümmel,
Chiliflocken, Curry hinzufügen. Mit einem Mixer
zu einer glatten Sauce pürieren.

UNSER GRILLMEISTER-TIPP:
*Auch die Currysauce kann man sich gut auf
Vorrat machen. Dafür einfach die Sauce noch heiß
in sterile Gläser füllen und im Kühlschrank aufbewahren.*

REZEPT Marcel Lange

MUMME

20 g Butterschmalz | 100 g Schalotten
6 g Knoblauch | 2 Anissterne | ½ Zimtstange
2 Lorbeerblätter | 25 g Tomatenmark
50 ml Mumme | 40 ml Ahornsirup
400 ml kräftiger Rotwein (z.B. Dunkelfelder)
1 Stange Zitronengras | 5 g Thymian, frisch
2 Orangenscheiben | 3 g Salz

Den Grill inklusive GBS-Wok auf 160 bis 180 Grad vorbereiten. Schalotten schälen und mit der Faser in Streifen schneiden. Knoblauch ebenfalls schälen und grob hacken. Das Butterschmalz im GBS-Wok erhitzen. Schalotten, Knoblauch, Anis, Zimt und Lorbeer hinzugeben. Bei mittlerer Hitze so lange braten, bis die Schalotten Farbe annehmen. Das Tomatenmark beifügen und zwei Minuten mitrösten, die Mumme und den Ahornsirup zufügen und mit Rotwein ablöschen. Das Zitronengras mit einem Messer flach klopfen und zusammen mit den Orangenscheiben zur Sauce geben. Die Sauce auf die Hälfte einkochen lassen, bis sie bindet. Anis, Zimt, Lorbeer, Zitronengras und Orange herausnehmen und die Sauce mit dem Standmixer pürieren. Mit Salz und Pfeffer abschmecken.

Marcels Info: Mumme ist ein alkoholfreier Malzextrakt, der aus Wasser, Hopfen, Gerste, Weizen und Kräutern gebraut wird. Der Extrakt ist zähflüssig und süß. Verwendet werden kann die Würze für vieles beim Kochen, Backen oder Grillen.

REZEPT Marcel Lange

KNOFI-MAYO

25 g Knoblauchzehen | **80 ml** Mayonnaise
60 g frische Minze | **300 g** Frischkäse (Doppel-
rahm) | **20 ml** Limettensaft | **2 g** gemahlener
Kreuzkümmel | Salz | Pfeffer

Knoblauch schälen, grob schneiden und mit
der Mayonnaise fein pürieren. Die Minze
schneiden, mit den restlichen Zutaten verrühren und mit Salz, Pfeffer würzen. Am besten
schmeckt die Knoblauch-Mayonnaise, wenn sie
einige Stunden im Kühlschrank zieht.

REZEPT Gerhard Volk

BBQ VEGAN

100 g Ketchup | **120 g** Paprika, gegrillt/geröstet
(im Glas) | **50 g** Ahornsirup | **20 g** grober Dijon-
Senf | **3 g** Knoblauchpulver | **5 g** Zwiebelpulver
5 g Paprika, edelsüß | **4 g** Tabasco | Salz | Pfeffer

Alle Zutaten für die Sauce mit einem Mixer oder
Pürierstab fein verarbeiten. Die Sauce aufkochen und bei schwacher Hitze fünf Minuten
köcheln lassen. Mit Salz und Pfeffer würzen.

Gerhards Tipp: Paprika edelsüß kann auch, je
nach Geschmack, durch geräucherten Paprika

REZEPT Marcel Ksoll

KREN-LIME SAUERRAHM

200 g Sauerrahm | **2** Limetten | **30 ml** Olivenöl
Extra Vergine | **1** Bund Koriander | **1 g** Chilischote
40 g Kren/Meerrettich | **1** Prise Salz

Die beiden Limetten entsaften und mit etwas
Abrieb von der Schale mit dem Sauerrahm
vermischen. Den Koriander waschen und fein
hacken, den Meerrettich (oder Kren, wie wir
in Österreich sagen) fein reiben, mit der Chili,
dem Öl sowie etwas Salz zur Sauerrahmmasse
dazugeben und eine Stunde ziehen lassen.

REZEPT Gerhard Volk

BBQ RAUCHIG

100 g Ketchup | **100 g** Paprika, gegrillt (im Glas)
100 g frische Ananas | **40 g** Dijon-Senf, grob
5 g Zwiebelpulver | **3 g** Knoblauchpulver
5 g Pimentón de la Vera (Rauchpaprika)
5 g Tabasco | Salz | Pfeffer

Die Zutaten für die Sauce mit einem Mixer oder
Pürierstab fein verarbeiten. Die Sauce aufkochen und bei schwacher Hitze fünf Minuten
köcheln lassen. Mit Salz und Pfeffer würzen.

UND DAZU: GUACAMOLE!

GANZ KLASSISCH, MIT SCHMAND ODER GERÄUCHERT: GUACAMOLE IST VIELSEITIGER, ALS MAN DENKT!

REZEPT Patrick Speck

DER KLASSIKER

1 Avocado | **1** Knoblauchzehe | **1 g** Kreuzkümmel | **½** Zitrone
1 Chilischote | **30 ml** Olivenöl | **1 g** Salz | **1** Prise Pfeffer

Avocado schälen, halbieren und den Kern entfernen.
Die Avocado mit Kreuzkümmel, Zitronensaft, Olivenöl,
Chili und Knoblauch in einem Mixer fein pürieren.
Mit Salz und Pfeffer abschmecken.

REZEPT Stephan Zwikirsch

MIT SCHMAND

20 g Knoblauch, frisch | **1** große Avocado | **120 g** Schmand
50 ml frischer Limettensaft | **10 g** Meersalz | **10 g** Chipotle-
Chilipulver | **10 g** mexikanische Chilisauce (Sriracha)

Für die Avocadocreme den Knoblauch fein hacken, das
Fruchtfleisch der Avocado auslösen. Alle Zutaten im
Standmixer pürieren, bis eine glatte Creme entstanden ist.
Nun die Creme in eine kleine Schüssel geben und abge-
deckt bis zu sechs Stunden in den Kühlschrank stellen. Je
nach Geschmack noch mit Pfeffer und Salz abschmecken.

REZEPT Marcel Lange

DIE RAUCHIGE

50 g Räucherchips | **1** reife Avocado | **15 ml** Limettensaft
10 ml Olivenöl | **30 g** rote Zwiebel | **6 g** Knoblauch
40 g Tomatenfruchtfleisch ohne Kerne | **10 g** Chili
10 g Petersilie | Salz | Pfeffer | Kreuzkümmel

Chips mindestens 30 Minuten in Wasser einweichen. Den Grill für indirektes Räuchern auf etwa 100 Grad vorbereiten. Avocado halbieren, den Kern herausnehmen und das Fleisch mit Hilfe eines Löffels von der Schale trennen. Grob würfeln und zusammen mit Limettensaft und Olivenöl marinieren. Die Räucherchips auf die Glut oder in die Räucherbox geben. In einer feuerfesten Form die Avocado für etwa 20 Minuten räuchern. Im Anschluss die Avocado für etwa zehn Minuten in den Gefrierschrank zum Abkühlen stellen. In der Zwischenzeit Zwiebel und Knoblauch schälen und fein hacken. Das Tomatenfruchtfleisch fein würfeln. Den Grünansatz der Chili entfernen, der Länge nach halbieren, die Kerne herausnehmen und die Chili sehr fein würfeln. Petersilie verlesen und grob hacken. Die geräucherte Avocado aus dem Gefrierschrank nehmen, mit der Gabel zerdrücken und mit den anderen Zutaten vermengen. Mit Salz, Pfeffer und Kreuzkümmel abschmecken und zwei bis vier Stunden zum Durchziehen kühl stellen. Vor dem Servieren nochmals abschmecken.

GESCHMORTER
KALBSTAFELSPITZ

MIT WURZELGEMÜSE AUS DEM DUTCH OVEN

ZUTATEN

KALBSTAFELSPITZ

1 kg	Kalbstafelspitz
20 g	Butterschmalz
	Meersalz

WURZELGEMÜSE

40 ml	Olivenöl
200 g	Zwiebeln
100 g	Karotten
100 g	Stangensellerie
100 g	Pastinaken
50 g	Knoblauch
1 g	Piri Piri
15 g	brauner Zucker
15 ml	Aceto Balsamico Bianco
200 ml	Kalbsfond
2	Lorbeerblätter
5	Zweige Thymian
200 ml	Weißwein
100 g	kalte Butter
1	Zitrone, Abrieb

REZEPT Roberto Venturino

1 VORBEREITUNG

Das Gemüse schälen und würfeln. Chili von Samen und Samenwänden befreien und fein würfeln. Restliche Zutaten herrichten und abwiegen. Den Tafelspitz von etwaigen Sehnen oder grobem Fett befreien und mit dem Meersalz würzen.

2 AM GRILL

Den Grill für direktes Grillen bei 180 bis 200 Grad mit dem Dutch Oven vorbereiten. Butterschmalz in den Dutch Oven geben, den Kalbstafelspitz darin von allen Seiten goldbraun anbraten. Herausnehmen und auf ein Brett beiseitelegen.

3

Das Olivenöl in den Dutch Oven geben, die Gemüsewürfel hinzufügen, umrühren und den Deckel schließen. Das Gemüse hin und wieder umrühren. Sobald es glasig wird, den Zucker darüberstreuen, den Deckel schließen und leicht karamellisieren lassen. Den Balsamico Bianco hinzugeben, gut verrühren und so lange weitergrillen bis die säuerliche Note verflogen ist. Mit dem Weißwein ablöschen, umrühren und einkochen lassen. Jetzt Kalbsfond, Lorbeerblätter und Thymian hinzufügen, einmal aufkochen lassen.

4

Den Dutch Oven in die indirekte Zone des Grills schieben. Das Kalbstafelspitz zum Wurzelgemüse dazugeben, einen Kerntemperaturfühler mittig in das Kalb stecken und das Fleisch bis zum gewünschten Garpunkt bei etwa 60 bis 65 Grad schmoren.

ROBERTOS TIPP

Den Tafelspitz aus dem Sud nehmen und fünf Minuten ruhen lassen. Lorbeerblätter und Thymianzweige entfernen. Die kalte Butter zum kochenden Gemüse hinzugeben, ordentlich durchrühren und mit Zitronenschale abschmecken. Das Tafelspitz in Tranchen aufschneiden, wieder in das Wurzelgemüse legen und in der Form servieren.

GRILLMETHODE Direkt bei 180–200 Grad · Indirekt bei 180–200 Grad ·
Garzeit: Je nach Fleischqualität und Temperatur 30–45 Minuten · Kerntemperatur: 60–65 Grad

BERLINER LEBER

MIT LECKEREM KARTOFFELSTAMPF

ZUTATEN

450 g	Kalbsleber
150 g	Zwiebeln
60 g	Butter
170 g	Äpfel
20 g	Zucker
20 ml	Zitronensaft

MARINADE

60 ml	Olivenöl
20 ml	Zitronensaft
5 g	Thymian
5 g	Rosmarin
	Salz
	Pfeffer

KARTOFFELSTAMPF

500 g	mehligkochende Kartoffeln
15 g	Salz
100 g	weiche Butter
125 ml	Milch
2 g	Muskat

REZEPT Silvia Bursche

1 LEBER

Von der Leber etwaige Blutgefäße und die dünne Haut entfernen. Die Leber drei Stunden im Kühlschrank in einer Marinade aus Olivenöl, Thymian, Rosmarin und Zitronensaft ziehen lassen.

2 Zwiebel schälen und in dünne Ringe schneiden.
Die Äpfel schälen, Kerngehäuse entfernen, in Spalten schneiden und mit Zitrone beträufeln, damit sie nicht braun werden.

3 AM GRILL

Die Leber aus der Marinade nehmen und abtropfen lassen. Den Grill auf mittlere Hitze bei 160 bis 180 Grad vorheizen. Zwiebeln bei mittlerer Hitze in einem Pfanneneinsatz mit der Butter glasig schwitzen, mit Zucker bestreuen und Apfelspalten hinzugeben. Weitere zwei bis drei Minuten mitgaren.

4 Nun die Leber zwei Minuten bei direkter Hitze von jeder Seite grillen und danach indirekt weitergaren bis sie eine Kerntemperatur von 59 Grad erreicht hat. Nach dem Grillen nach Belieben pfeffern und salzen.

5 KARTOFFELSTAMPF

Die Kartoffeln schälen, in grobe Stücke schneiden und im Salzwasser auf dem Seitenkocher in 20 Minuten weich kochen. Anschließend das Wasser abgießen und den Topf abdämpfen lassen.
Die weiche Butter und Milch zu den Kartoffeln geben und mit dem Kartoffelstampfer im Topf zerdrücken. Anschließend mit Muskat und Salz abschmecken.

GRILLMETHODE Direkt und indirekt bei 160–180 Grad ·
Garzeit: Je nach Fleischqualität und Temperatur 10 Minuten · Kerntemperatur: 60 Grad

GESCHMORTE KALBSBACKEN

AUS DEM DUTCH OVEN AN TRÜFFELGLACE

ZUTATEN

KALBSBÄCKCHEN

400 g	Kalbsbäckchen
150 g	Zwiebeln
150 g	Karotte
50 g	Tomatenmark
750 ml	kräftiger Rotwein
	Salz
	Zucker
1	großer Zweig Thymian
1	Lorbeerblatt
	schwarzer Pfeffer aus der Mühle
20 ml	weißes Trüffelöl
	Rapsöl zum Anbraten

SELLERIEPÜREE

1 kg	Knollensellerie
1 Liter	Milch
	Salz
	Muskatnuss
200 g	kalte Butter, gewürfelt

REZEPT Stefano Esposito

1 FLEISCH

Die Kalbsbacken parieren und so von grobem Fett befreien. Rapsöl bei direkter Hitze im Dutch Oven erhitzen und die Backen von allen Seiten scharf anbraten, dann aus dem Bräter nehmen.

2 Die in Streifen geschnittenen Zwiebeln und Karotten im gebrauchten Top glasig andünsten, mit Zucker bestäuben und karamellisieren lassen. Tomatenmark hinzufügen und leicht anschmoren lassen. Bäckchen wieder dazu legen und mit Rotwein ablöschen. Thymianzweig und Lorbeerblatt hinzugeben, aufkochen und bei 200 Grad direkter Hitze im Grill für etwa zwei Stunden schmoren lassen, bis die Bäckchen zart sind.

3 Die Bäckchen entnehmen und die Sauce durch ein feines Sieb passieren. Die so entstandenen Sauce einreduzieren und mit Trüffelöl, Salz und Pfeffer abschmecken.

4 SELLERIEPÜREE

Sellerie schälen und in Würfel schneiden. Milch erhitzen und Selleriewürfel, Muskatnuss und Salz hinzufügen. Die Würfel so lange köcheln, bis sie weich sind. Die Würfel durch ein Sieb abtropfen lassen und anschließend in der Küchenmaschine oder mit dem Mixer fein pürieren. Nun Stück für Stück die Butter hinzufügen, bis eine geschmeidige Masse entsteht. Mit Salz und Pfeffer abschmecken.

STEFANOS SAUCEN-TIPP

Bei Bedarf kann die Sauce auch mit Maisstärke abgebunden werden. Dazu etwas Speisestärke mit Rotwein anrühren und in die kochende Sauce geben, bis die gewünschte Konsistenz erreicht ist. Dazu passen gegrillte Cocktailtomaten.

Für 4 Personen
Zubereiten: 30 Minuten
Wässern: 6 Stunden
Grillen: etwa 45 Minuten
Indirekt bei 140 Grad

GEFÜLLTER KALBSHALS

MIT WALDPILZPOLENTA FÜR FORTGESCHRITTENE

ZUTATEN

800 g	Kalbshals
4	Stück Schweinsnetz
50 g	BBQ-Rub „Rind Classic" von cookandgrill

ODER BBQ-RUB SELBER MACHEN

20 g	Pfeffer, geschrotet
80 g	brauner Zucker
60 g	Salz
20 g	Paprika, edelsüß
5 g	Chiliflocken
3	Stängel Rosmarin

FÜLLUNG & SAUCE

200 g	Leberkäsbrät
200 g	Schalotten
40 ml	Portwein
50 ml	Kirschsaft
150 ml	Demi-glace-Sauce

POLENTA

200 g	Waldpilze
30 g	glatte Petersilie
80 g	Polenta
250 ml	Gemüsefond
40 g	Crème fraîche
40 g	Butter
	Salz und Pfeffer

REZEPT Marcel Ksoll

1 VORBEREITUNG

Schweinsnetze für etwa sechs Stunden wässern. Alle Zutaten für den BBQ-Rub vermengen.

2 ZUBEREITUNG

Den Kalbshals im Schmetterlingsschnitt aufschneiden. Mit dem BBQ-Rub kräftig einreiben und anschließend in vier gleich große Stücke schneiden.
Die gewässerten Schweinsnetze trocken tupfen und auflegen. Das Kalbfleisch leicht plattieren. Nun das Leberkäsbrät gleichmäßig auf dem Kalbfleisch verteilen und wie eine Roulade einrollen.

3 AM GRILL

Auf dem vorgeheizten Grill bei 140 Grad indirekt garen, bis eine Kerntemperatur von 75 Grad erreicht ist, danach zusammen mit einem Stück Butter in Backpapier einwickeln. Diese Rolle wiederum mit Alufolie einwickeln. Jetzt die Roulade bis zu einer Kerntemperatur von 80 Grad fertig garen.

4 Während die Kalbsroulade gart, wird am Seitenkocher die Sauce hergestellt. Die fein gewürfelten Schalotten anschwitzen und mit Portwein und Kirschsaft ablöschen. Im Anschluss mit einer Demi-glace-Sauce aufgießen und reduzieren. Den übrigen Bratensaft von der Roulade zum Schluss mit dazugeben.

5 POLENTA

Solange die Roulade ruht, wird die Polenta produziert: Auf dem Seitenkocher Schalotten mit Waldpilzen und Petersilie anschwitzen, salzen und pfeffern. Im bereits vorgewärmten Wok den Gemüsefond zum Kochen bringen. Polenta einrühren, dann Crème fraîche und Butter dazugeben. Sobald die Polenta die gewünschte Konsistenz erreicht hat, die sautierten Waldpilze beimengen und alles anrichten.

GRILLMETHODE Indirekt bei 140 Grad · Garzeit: etwa 45 Minuten · Kerntemperatur: 80 Grad

PIKANTER SPIESSBRATEN

MIT BRÄT UND PFEFFERMANTEL

ZUTATEN

1 kg Schweinenacken

FÜLLUNG

100 g	Bauchspeck vom Schwein, gepökelt
200 g	Wurstbrät oder Kalbsbrät
100 g	Essiggurke
250 g	Zwiebel
50 g	Senf, mittelscharf
5 g	Majoran
10 g	Paprikapulver
5 g	Kümmel, gemahlen
	Pfeffer
	Salz

KRUSTE / WÜRZMARINADE

100 ml	Honig
100 ml	Fleischbrühe
50 ml	Sojasauce
20 g	Paprikapulver
	schwarzer Pfeffer, gemahlen,
	bunter Pfeffer, geschrotet
	Salz
	Bier

REZEPT Bärbl Hasenöhrl

1 FÜLLUNG

Wurstbrät in eine Schüssel geben, die Essiggurken in feine Würfel schneiden und hinzufügen. Zwiebeln und Bauchspeck in feine Würfel schneiden und zusammen in einer Pfanne ohne Fett glasig braten. Alles kurz abkühlen lassen. Anschließend ebenfalls zum Wurstbrät geben. Die Füllung gut durchmischen und mit Salz, Pfeffer, Majoran, Senf, Paprikapulver und Kümmel abschmecken. Schüssel mit Frischhaltefolie abdecken und in den Kühlschrank stellen.

2 KRUSTE/WÜRZMARINADE

Honig, Brühe und Sojasoße zusammen in einen kleinen Topf geben und mit allen Gewürzen außer dem geschroteten Pfeffer aufkochen. Mischung um ein Drittel reduzieren, bis sie leicht dickflüssig wird.

3 ROLLBRATEN

Schweinenacken mittels Rollschnitt oder gegenseitig ausgeführtem Schmetterlingsschnitt zu einem einen Zentimeter starken, flächigen, möglichst quadratischen Stück parieren. Anschließend ausplattieren und mit Würzmarinade einstreichen. Füllung auf den Schweinebauch geben und gleichmäßig ausstreichen. An den Rändern fünf Zentimeter frei lassen, damit die Füllung sich beim Garen ausdehnen kann. Schweinebauch wie einen Strudel einrollen und mit Küchengarn binden. Außenseite nochmals mit Würzmarinade bestreichen. Rollbraten auf den Drehspieß stecken und in reichlich geschrotetem bunten Pfeffer rollen. Etwas andrücken, sodass der Pfeffer haften bleibt!

4 AM GRILL

Grill für indirektes Grillen bei 150 Grad mit Rotisserie vorbereiten. Drehspieß einhängen und für zwei Stunden grillen, bis der Braten eine Kerntemperatur von 72 bis 78 Grad erreicht.

BÄRBLS TIPP *Unter den Braten eine Wasserschale mit halb Bier und halb Wasser stellen, damit der Garraum möglichst feucht ist. Aus der Flüssigkeit lässt sich eine leckere Sauce zaubern!*

GRILLMETHODE Indirekt mit Drehspieß bei 150 Grad · Garzeit: 2 Stunden · Kerntemperatur 72–78 Grad

IBERICO-KOTELETT

MIT KARTOFFELGRATINPÜREE

ZUTATEN

FLEISCH

4	Iberico-Koteletts à 250 g
1 Liter	Olivenöl (kein kalt gepresstes)
1	Knoblauchknolle
5	Zweige Thymian
5	Zweige Rosmarin
10 g	schwarze Pfefferkörner
	Salz, Pfeffer

PÜREE

500 g	Kartoffeln
400 ml	Sahne
2	Knoblauchzehen
15 g	Butter
75 g	Emmentaler
100 ml	Sahne
50 g	Butter
	Salz, Pfeffer, Muskat

ZUBEHÖR

Dutch Oven
feuerfeste Auflaufform
digitales Thermometer mit zwei Fühlern

REZEPT Bart Mus

 GRATIN

Knoblauch schälen und feinhacken. Die Butter schmelzen, damit die Auflaufform einfetten und den Knoblauch auf dem Boden verteilen. Die Kartoffeln schälen, in dünne Scheiben schneiden und in die Auflaufform schichten. Jetzt mit Salz, Pfeffer und Muskat würzen und die Sahne aufgießen. Den Käse reiben und darüberstreuen.

 IBERICO-KOTELETT

Den Fettrand von den Koteletts einschneiden, dabei aber möglichst nicht ins Fleisch schneiden. Danach mit Salz und Pfeffer würzen. Die Knoblauchknolle quer halbieren, die Kräuter waschen und trocken tupfen. Beides zusammen mit dem Olivenöl und den Pfefferkörnern in den Dutch Oven geben.

 AM GRILL

Den Grill für direktes Grillen bei 200 Grad vorbereiten. Die Koteletts beidseitig für drei Minuten direkt angrillen und beiseitestellen. Dutch Oven auf den Grill stellen, Fühler hineinhängen und das Öl bis auf 80 Grad erhitzen. Dabei die Temperatur halten. Dutch Oven auf die indirekte Zone stellen und die Temperatur im Grill auf 110 Grad reduzieren (beim Holzkohlegrill einen Kohlenkorb herausnehmen). Einen Fühler in die Koteletts stecken und diese hineingeben, bis sie komplett mit dem Öl bedeckt sind. Das Kartoffelgratin ebenfalls auf den Grill stellen. Fleisch und Kartoffeln etwa 90 Minuten garen, bis die Kerntemperatur erreicht ist und das Gratin gar ist.

 Das fertige Kartoffelgratin mit einem Kartoffelstampfer zerdrücken und weitere 100 ml Sahne und 50 g Butter hinzugeben. Gegebenenfalls mit Salz, Pfeffer und Muskat abschmecken.

BARTS TIPP

Das Öl durch ein Passiertuch sieben und in Flaschen zur Weiterverwendung aufbewahren!

SCHÄUFELE VOM SPANFERKEL

MIT WEISSEM TOMATENKETCHUP

ZUTATEN

SPANFERKELSCHÄUFELE

1	Schulter vom Spanferkel (ca. 600–800 g)
1	Orange, Abrieb
2	Nelken
8	Piment
8	Wacholderbeeren
1	Zimtstange
2	Sternanis
50 g	Salz
15 g	Zucker
10 g	Rosmarin
10 g	Thymian

WEISSER KETCHUP

600 g	Strauchtomaten
25 ml	Apfelsaft
100 g	Schmand
	Salz, Zucker
5 g	Speisestärke
½	Zitrone, Abrieb

MOP

200 ml	roter Portwein
200 ml	Johannisbeersaft
100 g	Preiselbeeren
50 g	Senf
100 ml	Apfelessig

KAISERSCHMARRN

nach Bernhards Rezept auf Seite 123

REZEPT Bernhard Reiser

 SCHÄUFELE

Das Spanferkelschäufele von Sehnen befreien und die Schwarte kreuzweise einschneiden. Die Schwarte eine Stunde in Salzwasser einweichen. Die Gewürze miteinander mischen und im Mixer vermengen. Dann das Fleisch, aber auf keinen Fall die Schwarte, damit einreiben. **Über Nacht oder mindestens sechs Stunden** einwirken lassen.

 WEISSER KETCHUP

Strauchtomaten waschen, Strunk entfernen und vierteln und in einem hohen Gefäß mit dem Mixstab pürieren. Anschließend die Masse durch ein Sieb, das zuvor mit einem Tuch ausgelegt wurde, passieren. Wichtig ist, dass dabei nicht gerührt wird, Masse nur abtropfen lassen, sodass der klare Tomatensaft gewonnen wird.

 Den Tomatensaft anschließend auf die Hälfte reduzieren lassen und mit Zucker, Salz und Apfelsaft abschmecken. Die Speisestärke mit kaltem Wasser anrühren und in den kochenden Tomatensaft einrühren, bis dieser andickt. Tomatensaft abkühlen lassen und dann mit Schmand glatt rühren. Anschließend nochmals abschmecken und mit Zitronenabrieb verfeinern.

 AM GRILL

Den Grill für direktes Grillen bei 160 Grad mit einer mit Wasser gefüllten Schale vorbereiten. Die Zutaten für den Mop in einer Schüssel verrühren. Das Schäufele auf einem Rost über der Wasserschale für zweieinhalb Stunden auf 74 bis 76 Grad Kerntemperatur garen. Zwischendurch das Fleisch seitlich mit dem Mop einstreichen.

Die Hälfte des Mop einkochen und das Spanferkelschäufele am Ende damit glasieren. Vorm Anschneiden die Schulter 15 Minuten ruhen lassen.

GRILLMETHODE Direkt bei 160 Grad oder mit Searing · Garzeit: Je nach Fleischqualität und Temperatur 150 Minuten · Kerntemperatur: 74–76 Grad

Für 4 Personen
Zubereiten: 15 Minuten
Grillen: 15 Minuten
Direkt bei 200 Grad
Indirekt bei 150 Grad

DRY AGED PORK STEAK

MIT KRÄFTIGER SALBEI-KÄSEFÜLLUNG

ZUTATEN

FLEISCH

4	Dry aged Pork Steaks (oder Schweinelachs), (jeweils etwa 2 cm dick / ca. 200 g pro Stück)

KÄSEFÜLLUNG

80 g	Manchego-Käse
80 g	Cheddar-Käse
4	Salbeiblätter, fein geschnitten
90 g	BBQ-Rub nach Wahl, zum Beispiel:

MARCOS BBQ-RUB

15 g	schwarzer Pfeffer
10 g	Chiliflocken
25 g	Knoblauchpulver
30 g	Paprika, edelsüß
25 g	Kräuter der Provence
50 g	Zucker
75 g	Meersalz

REZEPT Marco Korte

1 **STEAK**
Alle Zutaten für den BBQ-Rub mischen.
In die Steaks von der Seite her eine Tasche scheiden, anschließend das Fleisch von außen mit dem BBQ-Rub würzen.

2 **FÜLLUNG**
Manchego und Cheddar grob reiben, mit Salbei mischen und diese Masse in die Taschen einfüllen.

3 **AM GRILL**
Den Grill für direktes Grillen bei 200 Grad vorbereiten und die Steaks bei direkter Hitze und geschlossenem Deckel etwa fünf Minuten von jeder Seite angrillen. Anschließend die Steaks auf der indirekten Zone bei 150 Grad (wieder mit geschlossenem Deckel) für etwa zehn Minuten zu Ende grillen.

MARCOS TIPP
Nehmt Fleisch von einem gutem Metzger der Region, der sich mit der Aufzucht der Tiere und der Verarbeitung des Fleisches auskennt! Gerade bei Dry aged Schweinefleisch ist die Qualität entscheidend!

GRILLMETHODE Direkt bei 200 Grad · Indirekt bei 150 Grad · Garzeit: Je nach Fleischqualität und Temperatur 15 Minuten

KNIPP AUS DEM EBELSKIVER

EIN ORIGINAL NORDDEUTSCHES GRILLVERGNÜGEN

ZUTATEN

800 g	Knipp (eine derbe Grützwurst aus Niedersachsen)
105 g	Albaöl (15 g pro Kugelform im Ebelskiver)
8	Gewürzgurken
4	Scheiben Schwarzbrot

ZUBEHÖR

Ebelskiver

REZEPT Marco Korte

Jetzt wird's dänisch! Denn die Ebelskiver-Pfanne für's GBS-System mit ihren kugelförmigen Einbuchtungen steht bei unseren nördlichen Nachbarn hoch im Kurs! Normalerweise füllt man Pfannkuchenteig oder ähnliche Süßspeisen in die Förmchen – man kann aber natürlich auch grobe Knipp-Wurst nehmen ...

1 VORBEREITUNG

Den Grill mit Ebelskiver-Pfanne für direktes Grillen bei 250 Grad vorbereiten. Der Ebelskiver sollte dafür 15 Minuten gut vorgewärmt werden. In jede Kuhle des Ebelskiver etwas Albaöl geben.

2 KNIPP

Die Knippwurst zu Kugeln mit je etwa 100 Gramm formen und von allen Seiten im heißen Ebelskiver dunkelbraun werden lassen. Dies dauert je nach Dicke der Kugeln zwischen 12 und 15 Minuten.

3 ANRICHTEN

Die Gewürzgurken in kleine Würfel schneiden. Den Knipp mit dem Schwarzbrot anrichten und mit Gewürzgurken garnieren. Dazu schmecken uns im Norden Bratkartoffeln und Apfelmus besonders gut!

WAS IST KNIPP?
Knipp ist eine der Pinkel verwandte Grützwurst und eine Spezialität in Bremen sowie in einigen Regionen Niedersachsens. Knipp galt lange als Arme-Leute-Essen, da es seinen Ursprung in der Verwertung von Schlachtresten hat. Süddeutsche können Knipp bei Internetmetzgereien kaufen.

GRILLMETHODE Direkt im Ebelskiver bei 250 Grad · Garzeit: 12–15 Minuten

NULL BOCK
UFF STRESS

UNSER NBUS-VESPER, WENN ES MAL SCHNELL GEHEN MUSS ...

ZUTATEN

400 g	Blutwurst (Dose)
4	Schalotten, ungeschält
40 g	Butter
8	dicke Scheiben Bauernbrot
200 g	Hüttenkäse
100 g	Apfel geschält, ausgestochen
1	Schälchen Kresse
	Salz, Pfeffer und Muskat

REZEPT Gerhard Volk

 VORBEREITUNG

Den Grill für direkte Hitze bei 200 bis 220 Grad vorbereiten. Einen Topf mit heißem Wasser auf die direkte Zone des Grills stellen und die Schwarzwurst-Dose ins Wasser legen. Meist sind Konservendosen heute von innen beschichtet, daher nicht wie früher direkt grillen oder ins Lagerfeuer schmeißen, sondern mit einem Wasserbad arbeiten.

 AM GRILL

Die Schalotten mit Schale auf den Rost legen. Den Deckel des Grills schließen und 15 Minuten grillen. Die Schalotten zwischendurch öfter mal wenden, je nach Bräunung in die indirekte Zone schieben.

 Auf dem Seitenbrenner oder in der Butter schmelzen und die Bauernbrotscheiben damit beidseitig einpinseln. Den Apfel fein würfeln, zum Hüttenkäse geben und mit Salz, Pfeffer und Muskat gewürzt vermischen.

 ANRICHTEN

Schalotten vom Grill nehmen, oben und unten anschneiden, aus der Schale drücken und in Streifen schneiden. Gebutterte Brotscheiben auf dem Grill knusprig anrösten. Hüttenkäsemischung und Schalotten darauf verteilen. Jetzt die Blutwurst-Dose vorsichtig öffnen und mit einem Löffel die warme Blutwurst über die Brotscheiben träufeln. Mit Kresse und frisch gemahlenem Pfeffer vollenden.

BORN TO GRILL   87

Für 4 Personen
Zubereiten: 45 Minuten
Einlegen: über Nacht
Marinieren: 60 Minuten
Grillen: 2,5 Stunden
Indirekt bei 120–130 Grad

SPARERIBS
MIT MARACUJA

UND EINER FRUCHTIG-KARIBISCHEN SALSA

ZUTATEN

RIPPCHEN

2 kg	Sparerips vom Schwein
200 g	BBQ-Rub (siehe unten)
1 Liter	Maracujasaft
100 g	BBQ-Sauce nach Belieben

BBQ-RUB

70 g	Paprika, edelsüß
15 g	Knoblauch-Granulat
15 g	Zwiebel-Granulat
20 g	Meersalz
20 g	schwarzer Pfeffer
25 g	Ingwer, gemahlen
30 g	brauner Zucker
10 g	Chili
10 g	Cumin

KARIBISCHE SALSA

1	Mango
1	Avocado
1	Maracuja
50 g	frischer Koriander
50 g	brauner Zucker
100 g	Schalotten
20 g	Kokosflocken
10 g	Salz
5 g	Pfeffer
5 g	Chili, frisch
70 ml	Olivenöl

REZEPT Stephan Zwikirsch

 1 RIPPCHEN

Rippchen parieren, Silberhaut entfernen. **Über Nacht in Maracuja-saft einlegen.**

 2 BBQ-RUB

Am nächsten Tag alle Gewürze für den Rub miteinander vermischen. Die Rippchen aus dem Saft nehmen und beidseitig mit dem BBQ-Rub bestreuen. 30 Minuten je Seite warten, bis der Rub durchfeuchtet ist.

 3 AM GRILL

Kugelgrill mit dem Minion-Ring oder Gasgrill für indirektes Grillen auf 120 Grad Celsius einregeln, Räucherholz auflegen und die Rippchen eine Stunde indirekt smoken. Nach einer Stunde die Ribs mit etwas Maracujasaft in Alufolie und Backpapier wickeln. Das Backpapier sollte dabei natürlich zwischen Grillgut und Alufolie liegen. Nun nochmals eine Stunde indirekt bei 120 bis 130 Grad grillen. Nach der Folienphase vorsichtig die Ribs aus der Folie entnehmen, zurück auf den Grill und mit einer Barbecue-Sauce glasieren. Nach 30 Minuten ein zweites Mal glasieren. Ribs entnehmen, portionieren und anrichten.

 4 KARIBISCHE SALSA

Derweil für die Salsa die Mango in kleine Würfel schneiden. Avocado halbieren und den Kern entfernen, nun mit einem Löffel die Avocado aushöhlen und in kleine Würfel schneiden. Maracuja halbieren und mit einem Löffel das Mark und die Kerne entfernen. Die Schalotten in feine Würfel schneiden. Koriander fein hacken. Alle Zutaten in eine Schüssel geben und mit den Gewürzen abschmecken.

STEPHANS TIPP

Die Salsa nicht zu stark rühren, sonst wird sie schnell matschig.

HOISIN-RIPPCHEN

MIT WHISKY-HOLZ GESMOKED

ZUTATEN

2 kg	Rippchen vom Berkshire-Schwein
60 g	BBQ Rub (Magic Dust)
120 ml	BBQ-Sauce (Bull's-Eye Original)
40 ml	Hoisin Sauce (Asia-Laden)
20 g	frischer Ingwer, gerieben

ZUBEHÖR

45 g Holzchips (Whisky), vor der
Verwendung 30 Minuten gewässert

Alugrillschale
Pinsel zum Moppen
Zange zum Wenden
Rippchenhalter (falls vorhanden)

REZEPT Carsten Dorhs

1 Rippchen putzen beziehungsweise die Silberhaut (Membran) auf der Innenseite entfernen. Das ist wichtig, damit die Gewürze besser ins Fleisch einziehen können. Mit dem Rub von allen Seiten gründlich würzen und in einen Bräter legen.
BBQ-Sauce, Hoisin-Sauce und Ingwer miteinander verrühren.

2 AM GRILL
Holzkohle Grill für indirektes Grillen bei 140 Grad vorbereiten. Am besten die Kohle im Kohlekorb nach rechts und links verteilen. Dazwischen die Alugrillschale mit etwa zwei Liter Wasser positionieren. Nun die Rippchen im Stapel darüber legen und gut zwei Stunden garen. Etwa alle 20 Minuten immer das untere Rippchen herausziehen und obendrauf legen.

3 Anschließend die Rippchen in einen Rippchenhalter bei gut 180 Grad indirekt 30 Minuten Farbe nehmen lassen. Falls kein Halter vorhanden ist, einfach auf den Grill legen – aber indirekt!

4 Das Wasser von den Räucherchips abgießen und die Chips auf die Kohle geben und 30 Minuten räuchern. Ab und zu mit einem Pinsel und der BBQ-Mischung moppen.

5 Die Ribs sind fertig, wenn sich der Knochen leicht vom Fleisch löst! Falls noch BBQ-Sauce übrig ist, diese auf den Rippchen verteilen. Rippchen klein schneiden und als Fingerfood servieren.

CARSTENS TIPP
Auf dem Gasgrill würde ich eine Räucherbox empfehlen.
Die erste Phase bei 140 Grad könnte man auch im Bräter mit Deckel im Backofen zubereiten und dann die zweite Phase auf dem Grill bei 180 Grad zu Ende smoken.

GRILLMETHODE Indirekt – zuerst bei 140 Grad, später bei 180 Grad ·
Garzeit: Je nach Fleischqualität und Temperatur 2 Stunden 45 Minuten

MÄNNERPRALINE
VOM DUROC-BAUCH

ZUTATEN

SCHWEINEBAUCH

1 kg	Bauchstück mit Schwarte vom Duroc-Schwein
500 g	Meersalz, grob
45 ml	Apfelessig
50 g	Rub „Schwein Classic" von cookandgrill

ODER DEN RUB SELBER MACHEN

10 g	Kümmel, ganz
10 g	Knoblauchzehen
2	frische Rosmarinzweige
	Salz, Pfeffer

SERVIETTENKNÖDEL

nach Marcels Rezept auf Seite 122

KRAUTSALAT

nach Marcels Rezept auf Seite 125

KÜMMELJUS

nach Marcels Rezept auf Seite 125

REZEPT Marcel Ksoll

1 VORBEREITUNG

Den Schweinebauch abspülen und trocken tupfen. Das Bauchfleisch wird auf der Unterseite und seitlich gesalzen und mit Pfeffer, Knoblauch, Kümmel sowie fein geschnittenem Rosmarin gewürzt. Die Schwarte wird mit einer Rouladennadel ganz eng perforiert. Dabei soll die Spitze möglichst nur bis in den Speck unter der Schwarte und nicht bis ins Fleisch vordringen. Die Dichte der Einstiche ist ausschlaggebend für die spätere Kruste. Dann die Schwarte großzügig mit Apfelessig einreiben und **das Fleisch über Nacht** (mindestens aber acht Stunden) im Kühlschrank abtrocknen lassen.

2 AM GRILL

Grill für indirekte Hitze bei 160 Grad vorbereiten. Aus Backpapier und Alufolie lange Streifen falten (sie müssen mindestens einen Zentimeter breiter sein als die Höhe des Schweinebauches). Diese Streifen rund ums Fleisch spannen – zuerst das Backpapier, dann Alufolie – und mit einer Rouladennadel fixieren, so dass eine Trage entsteht.

3

Nun die Schwarte fingerhoch mit grobem Meersalz bedecken und das Fleisch in den auf 160 Grad vorgeheizten Grill setzen – idealerweise über eine Schale mit Wasser, um den Saft aufzufangen und die Hitze von unten etwas zu dämpfen. Mit einem sehr scharfen Messer die Haut bis in die Fettschicht einschneiden. Indirekt eine gute Stunde grillen, dann herausnehmen und die Trageschale sowie das Salz entfernen.

4

Den Grill auf 230 Grad aufheizen und den entkleideten Schweinebauch wieder auf den Rost setzen. Indirekt 30 Minuten grillen, bis die Schwarte poppt. Vom Grill nehmen, in gleichmäßige quadratische Stücke schneiden und mit Krautsalat, Zwiebelsauce und einem typisch österreichischen Serviettenknödel servieren.

GRILLMETHODE Indirekt bei 160 und 230 Grad · Garzeit: Je nach Fleischqualität und Temperatur rund 1 Stunde 45 Stunden

Für 4 Personen
Zubereiten: 20 Minuten
Sous-vide: 10 Stunden
Räuchern: 30–40 Minuten
Indirekt bei 140–160 Grad
Direkt bei 200–220 Grad

BAUCH VOM HOFGLÜCK-SCHWEIN

AUS DEM APFELHOLZ-RAUCH MIT BREITEN BOHNEN

ZUTATEN

SCHWEINEBAUCH

1 kg	Schweinebauch mit Schwarte aus dem Hofglück-Programm von Edeka
2 g	Kümmel, ganz
12 g	feines Meersalz
2 g	Thymian, gerebelt
4 g	schwarzer Pfeffer, geschrotet
20 g	Rapsöl
160 g	geschälte Zwiebeln
150 g	Braeburn-Apfel
40 g	weißer Balsamico-Essig
100 g	Räucherchips Apfelholz

BOHNEN

400 g	breite, grüne Bohnen
80 g	geschälte Karotten
2	Knoblauchzehen
20 g	Rapsöl
20 g	Tomatenmark
100 g	Weißwein, trocken
20 g	dunkle Sojasauce
5 g	Stärkemehl
200 g	Gemüsefond
	Würzen mit Salz und Pfeffer

REZEPT Gerhard Volk

 1 SCHWEINEBAUCH SOUS-VIDE GAREN

Schwarte kreuzweise einschneiden. Kümmel im Mörser zerstoßen, Salz, Thymian und Pfeffer untermischen. Schweinebauch auf der Fleischseite mit Rapsöl einreiben, mit Gewürzmischung bestreuen und einmassieren. Zwiebeln in feine Scheiben schneiden, Äpfel halbieren und in Scheiben schneiden, beides auf der Fleischseite verteilen und in einen Vakuumbeutel geben. Balsamessig beifügen und vakuumieren. **Bei 68 Grad zehn Stunden im Sous-vide-Bad** garen.

 2 SCHWEINEBAUCH RÄUCHERN

Grill für indirektes Grillen bei 140 bis 160 Grad vorbereiten. Apfelholz-Chips 30 Minuten in Wasser einweichen. Holzchips auf der Glut des Holzkohlegrills verteilen. Schweinebauch mit der Schwarte nach oben auf den Rost legen und 30 bis 40 Minuten räuchern. Dafür die Lüfterklappen im Deckel halb schließen. Zum Schluss die Hitze im Grill auf 200 bis 220 Grad erhöhen, den Bauch vom Grill nehmen und abgedeckt warm halten.

 3 BOHNEN

Grill für direktes Grillen bei 200 bis 220 Grad mit Dutch Oven einrichten. Bohnen in mundgerechte Stücke, Karotten in feine Stifte schneiden, Knoblauch andrücken, restliche Zutaten abwiegen und bereitstellen. Rapsöl, Bohnen, Karotten und Knoblauch in den Dutch Oven geben und anbraten. Tomatenmark beifügen und kurz abrösten. Anschließend mit dem Weißwein sowie Sojasauce ablöschen und sirupartig einkochen. Gemüsefond mit der Stärke verrühren, zu den Bohnen geben, aufkochen und vom Grill nehmen. Garsud vom Bauch samt Zwiebeln und Äpfeln unter die Bohnen mischen. Schweinebauch in Würfel schneiden und auf den Bohnen servieren.

GERHARDS TIPP: *Wer einen Oberhitzegrill mit 800 Grad oder einen Weber-Grill mit Backburner besitzt, kann die Schwarte auch darin wunderbar aufknuspern lassen!*

GRILLMETHODE Indirekt bei 140-160 Grad · Direkt bei 200–220 Grad · Garzeit: ca. 11 Stunden inkl. Räuchern · Kerntemperatur: 68–76 Grad

Für 4 Personen
Zubereiten: 30 Minuten
Grillen: 90 Minuten
Direkt bei 220 Grad
im Dutch Oven

PICHELSTEINER EINTOPF

AUS DEM DUTCH OVEN MIT RIND, LAMM UND SCHWEIN

ZUTATEN

250 g	Zwiebeln
250 g	Sellerie
250 g	Karotte
250 g	Kartoffeln
250 g	Lauch
250 g	Wirsing
250 g	Rinderschulter
250 g	Schweineschulter
250 g	Lammschulter
100 g	Perlgraupen
40 g	Pflanzenöl
1 l	Fleischbrühe
3	Zweige Thymian
20 g	Blattpetersilie
	Salz, Pfeffer, Muskat
	zum Abschmecken

REZEPT Mirko Schweiger

1 VORBEREITUNG

Den Dutch Oven im Gasgrill bei direkter Hitze auf 220 Grad vorheizen.

2 EINTOPF

Das Gemüse putzen und in Stücke schneiden. Fleisch in mundgerechte Würfel schneiden. Das Fleisch im heißen Dutch Oven in Öl anbraten. Wenn das Fleisch Farbe annimmt, das Gemüse und die Perlgraupen hinzugeben, die Fleischbrühe angießen, Thymianzweige hinzugeben, mit Salz, Pfeffer und Muskat würzen.

3 Eintopf für etwa 90 Minuten auf dem Feuer lassen. Zum Schluss die Petersilie grob hacken und über den fertigen Eintopf streuen.

MIRKOS TIPP

Alternativ zur Vorgehensweise mit dem Grill könnt Ihr auch nach klassischer Dutch-Oven-Methode mit offenem Feuer arbeiten. Dafür 15 Briketts auf den Deckel und 9 unter den Topf legen.

GRILLMETHODE Im Dutch Oven direkt bei 220 Grad · Garzeit: 90 Minuten

BÄCKCHEN
VOM IBERICO

AUS DEM DUTCH OVEN

ZUTATEN

1 kg	Schweinebäckchen
20 g	Salz
10 g	Pfeffer
5 g	Paprikapulver, geräuchert
50 g	Möhren
50 g	Sellerie
50 g	Lauch
100 g	Zwiebeln
25 g	Tomatenmark
1250 ml	trockener Rotwein
1 Liter	Fleischbrühe
500 ml	Wasser

REZEPT Stephan Zwikirsch

1 ZUBEREITUNG
Die Bäckchen von Sehnen und grobem Fett befreien und mit Salz, Pfeffer und geräuchertem Paprikapulver würzen.

2 Möhren, Sellerie und Lauch klein schneiden, Zwiebel schälen und in Viertel schneiden. In der Zwischenzeit den Dutch Oven auf der direkten Zone auf dem Grill auf etwa 200 bis 220 Grad vorheizen. Die Bäckchen so lange scharf anbraten, bis sie eine schöne Röstung haben, dann rausnehmen und zur Seite stellen.

3 Möhren, Sellerie, Zwiebeln und den Lauch im Dutch Oven anbraten. Tomatenmark zugeben und so lange braten, bis alles eine schöne Farbe hat. Mit Rotwein ablöschen und die Bäckchen auf das Gemüse legen.

4 Nun mit der Fleischbrühe aufgießen, bis die Bäckchen bedeckt sind. Deckel drauf und bei indirekter Hitze auf 150 Grad schmoren lassen. Nach ca. einer Stunde kontrollieren, ob die Bäckchen schon weich sind. Zwischendurch immer wieder überprüfen, ob genug Flüssigkeit vorhanden ist. Gegebenenfalls etwas Wasser angießen.

5 Sind die Bäckchen schön zart, dürfen sie noch einmal kurz raus aus dem Dutch Oven. Das Gemüse mit einem Mixstab pürieren, um eine gebundene Sauce zu bekommen. Anschließend die Bäckchen wieder hinzugeben.

STEPHANS TIPP
Perfekt zu den Bäckchen sind ein leckeres Kartoffelpüree und frisches Gemüse der Saison!

GRILLMETHODE Im Dutch Oven direkt bei 200–220 Grad · Indirekt bei 150 Grad · Garzeit: Je nach Fleischqualität und Temperatur 1 Stunde

BORN TO GRILL 99

JETZT GEHT'S UM DIE WURST!

DU WILLST RICHTIG
GUTE WURST? DANN
GEH ZUM METZGER.
ODER DU GREIFST
EINFACH SELBST
ZUM FLEISCHWOLF ...

Schritt für Schritt zur Wurst: Das Fleisch in grobe Streifen schneiden, damit es der Fleischwolf gut zu packen kriegt

Mit der Hand vermengen, einmal durchlassen (2-mm-Scheibe) und noch einmal verrühren, um Bindung herzustellen

Den Darm spülen, auf die Tülle fummeln und los geht's! Nach 20 Minuten ist die Bratwurst fertig für den Grill ...

SELBER WURSTEN

Es gibt viele gute Gründe, Bratwurst einfach mal selbst zu machen und roh auf den Rost zu werfen: Kaliumjodat, Maltodextrin, Diphosphat, Glutamat, Säuerungsmittel, Traubenzucker, das Antioxidationsmittel und die Konservierungsstoffe ... Industriell erzeugte Bratwurst enthält mitunter einen halben Chemiebaukasten, um möglichst lange haltbar zu sein. Für den Handel ist das wichtig, denn viele Verbraucher verlangen ein Produkt, das lange „frisch" bleibt.

Für uns dagegen ist es eine Freude, Wurst selber zu machen! Mit allem drum und dran! Den Darm entknoten und wässern, das Fleisch schneiden und wolfen, die Gewürze vorbereiten: ein perfektes Preludio für das anschließende Grillen.

Verwendet für das Wursten wenn möglich frisches, abgehangenes Fleisch. So bekommt Ihr sicher auch eine ordentliche Bindung hin. Bestellt das Fleisch einfach rechtzeitig bei Eurem Metzger des Vertrauens, dieser hat auch die richtige Menge an Schweinsdärmen für Euch vorrätig.

Wie Ihr in den Rezepten seht, verwenden wir keine Phosphate oder andere Hilfsmittel, die die Bindung oder Haltbarkeit begünstigen würden. Wir sind der Meinung: Eine gute Wurst braucht so Bullshit nicht! Wenn Ihr mit anderen Rezepten noch experimentieren wollt und das Fleisch sollte zu mager sein oder nicht recht binden: Früher hat man dann ein Ei genommen und die Masse damit gebunden.

Klar ist: Sauberes Arbeiten ist beim Wurstmachen eine wichtige Grundvoraussetzung. Den Vorsatz vom Fleischwolf könnt Ihr bis zum Gebrauch auch in die Kühlung legen. Und das Fleisch sollte stets gut gekühlt sein, die frisch gemachten Würste können natürlich gleich auf den Grill.

Aber besser wäre es, die Würste über Nacht im Kühlschrank abgedeckt ruhen zu lassen.

Wenn Ihr mit dem Wurstmachen soweit seid, können wir ja noch kurz übers Grillen reden. Perfekt werden Eure Würstle nämlich, wenn Ihr den Grill für indirektes Grillen bei 180 bis 200 Grad vorbereitet.

Die Würste zuerst auf der indirekten Zone und bei geschlossenem Deckel grillen, die Kruste ganz am Schluss auf der direkten Zone herstellen.

WURST GRILLEN

Bei Gas- oder Elektrogrills können die Würste auch in der direkten Zone bei etwa 160 Grad gegrillt werden – durch die einfache Steuerung dieser Geräte ein Kinderspiel.

Beim Grillen im Holzkohlegrill könnt Ihr fürs besondere Aroma ein paar Holzchips nach Eurem Geschmack in die Glut geben und räuchern.

Wollt Ihr ein paar geschmolzene Zwiebeln zu den Würsten machen, dann verwendet am besten eine Grillplatte, zum Schmoren in Bier oder Wein natürlich auch gerne einen Dutch Oven oder eine tiefe Grillpfanne. Wir lieben es, ein halbes Kilo rote Zwiebeln in Butter anzuschwitzen, dann mit einer halben Flasche Rotwein abzulöschen und die Rotweinzwiebeln für eine Stunde bei niedriger Hitze simmern zu lassen. Mit Salz, Pfeffer, Zucker und gegebenenfalls einem Schuss Barbecue-Sauce abschmecken: perfekt!

Aber jetzt endlich los zum Wursten und Grillen!

GESCHMORTE ZWIEBELN

GETROCKNETER KNOBLAUCH

WILDSCHWEIN NACKEN

SCHWARZER PFEFFER

WEISSER PFEFFER

MEERSALZ

HAUSGEMACHT UND SAULECKER!

Für eine richtig gute Wurst braucht man keine Zusatzstoffe und auch keine Mordsausrüstung! Ein Fleischwolf mit Tülle für den Naturdarm – und schon kann es losgehen! Auf der nächsten Seite verraten wir Euch daher unsere drei Lieblingsrezepte für frische Bratwurst ohne Bullshit!

ROSMARIN

CHILI

WEISSER
SPECK

CHAMPIGNONS

MAJORAN

FENCHELSAAT

GROBE BRATWURST VON DER WILDSAU

150 g Zwiebeln, fein gewürfelt | **40 g** Butter
700 g Wildschwein-Bauch, mager | **700 g** Wild-
schwein-Nacken | **600 g** weißer Speck vom
Hausschwein | **10 g** Fenchelsaat | **10 g** schwarzer
Pfeffer, grob | **10 g** Gartenkräuter | **5 g** Thymian,
getrocknet | **5 g** Knoblauch, sehr fein gewürfelt
40 g Meersalz, grob | **3 Meter** Schweinedärme
(Kaliber 28/30)

Die Zwiebeln in der Butter bei mittlerer Hitze
anbraten. Sobald diese etwas Farbe genommen
haben, vom Herd nehmen und abkühlen lassen.
Fleisch und Speck in Streifen schneiden und
mit den Gewürzen gründlich vermengen.
Die 2-Millimeter-Scheibe auf den Fleischwolf
setzen und das Fleisch zügig durchdrehen.
Nochmals von Hand vermengen, bis die Masse
eine ordentliche Bindung bekommt. Dann
sofort in die Kühlung stellen. Die Schweinedärme in handwarmem Wasser einweichen und
anschließend spülen. Das geht am besten, wenn
Ihr etwas Wasser in den Darm laufen lasst und
es dann mit Daumen und Zeigefinger durch-
drückt. Den Fleischwolf nach Anleitung mit
dem Füllrohr umbauen, den Schweinedarm auf
die Tülle ziehen und am Ende verknoten. Die
Masse hervorholen, den Fleischwolf starten und
die Masse in die Därme füllen. Das geht am besten zu zweit, allein kriegt man es aber auch hin.
Etwa alle 15 Zentimeter eine Wurst abdrehen.
Am Ende reicht die Masse für etwa
20 Bratwürste.

KRÄFTIGE RINDSWURST

1600 g Rindfleisch-Hals | **400 g** Kalbsfett/-speck
100 g Zwiebeln, fein gewürfelt | **30 g** Butter
100 g Champignons | **5 g** Knoblauch
7 g Koriander, geschrotet | **3 g** Chili
100 g Aprikosen, getrocknet | **40 g** Tomaten,
getrocknet | **20 g** Blattpetersilie | **40 g** Meersalz
3 Meter Schweinedärme (Kaliber 28/30)

Die Champignons putzen, klein schneiden
und gemeinsam mit der Butter in einer Pfanne
anbraten. Sobald diese etwas Farbe genommen
haben, vom Herd nehmen und abkühlen lassen.
Rinderhals und Kalbsfett in Streifen schneiden.
Die Petersilie fein schneiden, die Tomaten und
Aprikosen fein würfeln und mit den restlichen Gewürzen und dem Fleisch vermengen.
Die 2-Millimeter-Scheibe auf den Fleischwolf
setzen und das Fleisch zügig durchdrehen.
Nochmals von Hand vermengen, bis die Masse
eine ordentliche Bindung bekommt. Dann sofort in die Kühlung stellen. Die Schweinedärme
in handwarmem Wasser einweichen und mit
Wasser spülen. Den Fleischwolf mit dem Füllrohr versehen, den Schweinedarm auf die Tülle
ziehen und am Ende verknoten. Die Masse
hervorholen, den Fleischwolf starten und die
Masse in die Därme füllen. Etwa alle
15 Zentimeter eine Wurst abdrehen.

THÜRINGER ROSTBRATWURST

1300 g Schweineschulter | **700 g** Kalbsbrust, schön durchwachsen | **4 g** Knoblauch | **12 g** Majoran, getrocknet | **20 g** Blattpetersilie | **7 g** weißer Pfeffer, gemahlen | **40 g** Meersalz | **3 Meter** Schweinedärme (Kaliber 28/30)

Schweineschulter und Kalbsbrust in Streifen schneiden. Die 2-Millimeter-Scheibe auf den Fleischwolf setzen und das Fleisch zügig durchdrehen. Nochmals von Hand vermengen, bis die Masse eine ordentliche Bindung bekommt. Dann sofort in die Kühlung stellen. Die Schweinedärme in handwarmem Wasser einweichen und mit Wasser spülen. Den Fleischwolf mit dem Füllrohr versehen, den Schweinedarm auf die Tülle ziehen und am Ende verknoten. Die Masse hervorholen, den Fleischwolf starten und die Masse in die Därme füllen. Etwa alle 15 Zentimeter eine Wurst abdrehen.

Für 4 Personen
Zubereiten: 15 Minuten
Marinieren: Über Nacht
Grillen: 15 Minuten
Direkt bei 240 – 290 Grad
Indirekt bei 120 – 140 Grad

SUPERSAFTIGE LAMMKOTELETTS

IN KRÄUTER-AHORNSIRUP-MARINADE

ZUTATEN

600 g	Lammkoteletts
100 ml	Olivenöl
30 g	frischer Knoblauch
20 ml	Ananassaft
12	Zweige frischer Thymian
3	Zweige frischer Rosmarin
4 g	Oregano
4	Lorbeerblätter
10 ml	dunkler Balsamico-Essig
5 ml	Ahornsirup
	Pfeffer
	Meersalz

ZUBEHÖR

Grillplatte
Grillthermometer

REZEPT Christian Rohde

 1 MARINADE

In einer Schüssel Olivenöl, fein gewürfelten Knoblauch und Ananas-saft vermischen. Frische Kräuter, Ahornsirup und den Balsamico hinzufügen und mit Salz und Pfeffer abschmecken. Das Lamm-fleisch in die Marinade geben. Anschließend das Lamm samt Marina-de in einen Gefrierbeutel oder eine verschließbare Schüssel geben und über Nacht ziehen lassen.

 2 AM GRILL

Eine Grillplatte in der direkten Zone platzieren. Den Grill auf 240 bis 290 Grad mit geschlossenem Deckel vorheizen. Das Lamm nun direkt auf der Grillplatte platzieren und etwas andrücken. Dabei gilt: Was liegt, das liegt! Bei geschlossenem Deckel beide Seiten jeweils zwei bis drei Minuten scharf angrillen, um dem Fleisch eine schöne Kruste zu verpassen.

Wichtig: Sollte sich das Steak noch nicht selber vom Grill lösen, dann schnell den Deckel schließen und weitere 30 Sekunden grillen, bis es sich von selber löst. Anschließend die Grillplatte entfernen und den Grill bei offenem Deckel abkühlen lassen.

3 Jetzt den Grill für indirektes Grillen auf 120 bis 140 Grad vorbereiten. In der indirekten Zone lohnt es sich, wenn man sich eine Erhöhung schafft und darunter eine Schale mit Wasser platziert. So kann die Hitze im Grill bei geschlossenem Deckel besser zirkulieren. Anschließend wird das Lamm im indirekten Bereich auf die Erhö-hung gelegt und bei geschlossenem Deckel auf eine Kerntemperatur von 58 Grad gezogen. Das dauert etwa zehn Minuten. Das Lamm ist dann noch leicht rosa (Medium), wunderbar zart und saftig. Bevor man das Lamm anschneidet, lässt man es noch zwei Minuten ruhen. Zur Vollendung mit etwas Meersalz und Pfeffer verfeinern.

CHRISTIANS TIPP
Als Beilage passt das Grillgemüse von Seite 198!

GRILLMETHODE Direkt 240–290 Grad · indirekt 120–140 Grad ·
Garzeit: etwa 15 Minuten · Kerntemperatur: 58 Grad

ZARTES LAMMKARREE

MIT HOLUNDERKRUSTE UND WHISKY-HOLUNDER-JUS

ZUTATEN

| 1 kg | Lammkarree |

MARINADE

200 ml	Whisky
100 ml	Holundersirup
20 g	Holunderblüten

KRUSTE

60 g	Brösel vom Sauerteigbrot
30 g	Feigensenf
40 g	Holunderblüten
30 g	Bergkäse
70 g	Butter
20 ml	Holundersirup

500 ml	Rinderjus
	Salz
	Pfeffer

REZEPT Bärbl Hasenöhrl

 MARINADE

Whisky, Holundersirup und Holunderblüten zusammen in ein Gefäß geben und das Lamm darin mindestens vier Stunden marinieren. Fleisch nach der Marinierzeit aus der Flüssigkeit holen und trockentupfen.

 Für die Kruste Holunderblüten von den Stielen befreien und die Blüten fein hacken. Bergkäse fein reiben. Beides zusammen mit den Brotbröseln, dem Feigensenf, der Butter und dem Sirup vermengen.

Für die Sauce den Rinderjus zusammen mit der Marinade mischen.

 AM GRILL

Den Grill auf 230 Grad heizen. Direkte und indirekte Zone schaffen! Auf dem Seitenbrenner die Sauce um ein Drittel reduzieren. Mit Salz und Pfeffer abschmecken.

 Das Lamm bei 230 Grad auf beiden Seiten je 30 bis 40 Sekunden scharf angrillen. Danach vom Grill nehmen. Etwas abkühlen lassen. Die Masse für die Kruste auf der Fleischseite (nicht auf der Knochenseite) verteilen und andrücken. Das Lammkarree mit der Masse nach oben auf indirekter Zone weitergrillen, bis eine Kerntemperatur von 68 Grad erreicht ist. Fleisch unbedingt fünf Minuten ruhen lassen!

BÄRBLS TIPP

Holunderblüten nur bei schönem Wetter ernten und die Blüten nicht waschen! Für einen intensiven Geschmack ist der Blütenstaub zuständig.

GRILLMETHODE Direkt bei 230 Grad · Indirekt bei 230 Grad ·
Garzeit: Je nach Fleischqualität etwa 20–30 Minuten · Kerntemperatur: 68 Grad

LAMMKEULE VOM DREHSPIESS

MIT EINER FEINEN JOGHURT-MINZ-SAUCE

ZUTATEN

LAMMKEULE

1	Lammkeule, ca. 2,5 kg
4	Zweige Thymian
3	Knoblauchzehen
60 g	Honig
40 g	Senf
100 ml	Weißwein
40 ml	Olivenöl

JOGHURT-MINZ-SAUCE

100 g	Joghurt
1	Zweig Minze
	Salz
	Pfeffer

REZEPT Stefan Schneider

 Den Thymian waschen und schleudern. Mit dem geschälten Knoblauch klein schneiden und mit Honig, Senf, Weißwein und Olivenöl vermischen.

 LAMMKEULE

Die Lammkeule vom Knochen lösen, falls das nicht der Metzger schon gemacht hat. Die ausgelöste Keule mit Salz und Pfeffer würzen, mit der Marinade von innen und außen bestreichen und dann mit Bratenschnur zu einem schönen, kompakten Paket verschnüren.

 AM GRILL

Nun die Keule auf einen Rotisserie-Aufsatz stecken und den Grill für indirektes Grillen bei 160 Grad aufheizen. Die Keule einhängen und etwa 60 Minuten bis zu einer Kerntemperatur von 56 Grad drehen. Die Keule dabei alle zehn Minuten mit der Honigglasur bestreichen. Je nach erreichtem Bräunungsgrad die Temperatur in den letzten zehn Minuten erhöhen, um die Keule schön karamellisieren zu lassen. Die Lammkeule zehn Minuten ruhen lassen und bei 60 Grad Kerntemperatur servieren.

 Den Joghurt mit fein geschnittener Minze, Salz und Pfeffer verrühren und dazu reichen.

GRILLMETHODE Indirekt bei 160 Grad ·
Garzeit: Je nach Fleischqualität und Temperatur 60 Minuten · Kerntemperatur: 56–60 Grad

Für 4 Personen
Zubereiten: 60 Minuten
Wässern: 1 Stunde
Grillen: 45 Minuten
Indirekt bei 150–160 Grad
Räuchern bei 160 Grad

ORIENTALISCHE GRILL-LAMMHÜFTE

MIT GERÄUCHERTEM KARTOFFELSTAMPF

ZUTATEN

LAMMHÜFTE

800 g	Lammhüfte
2 g	Kreuzkümmel, gemahlen
2 g	Koriander, gemahlen
4 g	Purple Curry
2 g	Baharat (orientalische Gewürzmischung)
	Salz, Pfeffer
	Meersalzflocken

KARTOFFELSTAMPF

700 g	festkochende Kartoffeln
75 ml	Olivenöl
2	Limetten, Abrieb
50 g	gemahlene Mandeln
1	Zweig Lavendel

GRANATAPFEL-VINAIGRETTE

1	Granatapfel
60 ml	Weißwein Essig
50 ml	Olivenöl
5 g	Rosmarin, gehackt
	Salz
	Pfeffer
	Zucker

REZEPT Bernhard Reiser

 1 KARTOFFELSTAMPF

Räucherchips aus Kirschholz für ca. eine Stunde in Wasser einlegen. Die Kartoffeln waschen und mit Schale auf grobem Meersalz im Backofen bei 160 Grad 45 Minuten weich garen.

 2 GRANATAPFEL-VINAIGRETTE

Während die Kartoffeln garen, kümmern wir uns um Vinaigrette und Lammhüfte. Den Granatapfel halbieren. Eine Hälfte über einer Schüssel ausklopfen, sodass die Kerne herausfallen. Die andere Hälfte auspressen und Saft auffangen. Granatapfelsaft, Essig, Salz, Pfeffer, Zucker und den gehackten Rosmarin in einem hohen Gefäß mit dem Mixstab mixen und das Olivenöl langsam mit eingießen. Granatapfelkerne mit Vinaigrette mischen und später zum Lamm servieren.

 3 LAMMHÜFTE

Jetzt die Lammhüfte. Dazu Kreuzkümmel, Koriander, Purple Curry, Baharat, Salz und Pfeffer zu einer Gewürzmischung vermengen. Die geputzte Lammhüfte abwaschen, trocken tupfen und mit der Gewürzmischung würzen. Den Holzkohlegrill für indirektes Grillen bei 150 Grad vorbereiten, den Grillrost säubern und einölen. Nun die Lammhüfte auf der indirekten Zone des Grills bei geschlossenem Deckel bis zu einer Kerntemperatur von 60 Grad grillen. Später beim Servieren mit Meersalzflocken verfeinern.

4

Zurück zu den Kartoffeln: Die gebackenen Kartoffeln schälen und grob zerdrücken. Jetzt die eingelegten Chips im Holzkohlegrill auf die Glut geben, die gedrückten Kartoffeln für acht Minuten räuchern und für die spätere Verwendung beiseitestellen. Die gemahlenen Mandeln in einer Pfanne ohne Zugabe von Fett anrösten. Lavendel waschen, zupfen und fein schneiden. Nun die geräucherten Kartoffeln in einem Topf mit dem Olivenöl erwärmen und stampfen. Mandeln und Lavendel hinzugeben und mit Salz, Muskat und dem Abrieb der Limetten abschmecken.

GRILLMETHODE Lamm: Indirekt bei 150–160 Grad · Kerntemperatur: 60 Grad · Kartoffeln smoken bei 150–160 Grad · 8 Minuten im Smoker oder Holzkohlegrill

HEIDSCHNUCKEN RÜCKEN

ZARTE DELIKATESSE MIT LEICHTEM WILDGESCHMACK

ZUTATEN

1 kg	Rückenlachse von der Heidschnucke
20 g	Flüssiges Butterschmalz
	Salz
	Pfeffer

GLÜHWEIN-MUMME-SAUCE
nach Marcels Rezept auf Seite 64

ZUBEHÖR
GBS-Sear-Grate

REZEPT Marcel Lange

ZUBEREITUNG
Den Grill inklusive GBS-Sear-Grate auf 250 bis 300 Grad direkte Hitze vorbereiten. Den Heidschnucken-Rücken von Sehnen und grobem Fett befreien und anschließend mit dem Butterschmalz einreiben. In die Mitte des heißen Sear-Grates den Rücken positionieren und sofort den Deckel schließen.

Nach zwei Minuten den Rücken wenden und bei geschlossenem Deckel erneut zwei Minuten garen. Den Rücken kurz vom Grill nehmen und den Grill für indirekte Hitze bei 130 bis 150 Grad einrichten. Das Fleisch so auf eine Kerntemperatur von 55 bis 57 Grad ziehen lassen. Im Anschluss noch fünf Minuten abseits vom Grill, zum Beispiel auf einem warmen Brett ruhen lassen.

Mit Salz und Pfeffer würzen, aufschneiden und mit Glühwein-Mumme-Sauce anrichten und servieren.

MARCELS KLEINE MATERIALKUNDE
Lüneburgs Heidschnucke sind graue, gehörnte Tiere. Dabei handelt es sich um eine sehr alte Schafrasse, die speziell an die besonderen Verhältnisse in den Heidegebieten angepasst ist. Die Tiere weiden den größten Teil des Jahres über auf den kräuter- und blumenreichen aber wenig Gras bietenden Heideflächen. Dadurch bekommen sie ein recht süßes und liebliches Fleisch. Sehr zu empfehlen!

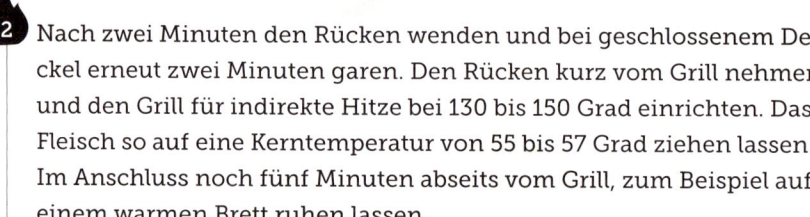

GRILLMETHODE Direkt bei 250–300 Grad · Indirekt bei 130–150 Grad ·
Garzeit: Je nach Fleischqualität und Temperatur 10–15 Minuten · Kerntemperatur: 55–57 Grad

SCHARF-SÜSSER
HIRSCHRÜCKEN

MIT EINER SCHWARZWÄLDER KIRSCHWASSER-SAUCE

ZUTATEN

HIRSCH

600 g	Hirschlachse
10 g	Rapsöl
10 g	schwarzer Pfeffer, ganz
2 g	Koriander, ganz
2 g	rosa Pfeffer, ganz
10 g	dunkle Schokolade, gehackt
2 g	Kakaopulver
	Chiliflocken nach Geschmack

WEISSE KIRSCHWASSER-SAUCE

20 g	Butter
40 g	Sellerie, geschält
40 g	Schalotten, geschält
4 g	Knoblauch, geschält
	weißer Pfeffer aus der Mühle nach Geschmack
40 ml	Kirschwasser
200 ml	Geflügelfond
100 ml	Sahne
20 g	kalte Butter in kleinen Würfeln
20 ml	Kirschwasser
5 g	Stärkemehl
	Salz nach Geschmack

REZEPT Gerhard Volk

1 HIRSCH

Den Hirschrücken von Sehnen und Häutchen befreien und ringsherum mit dem Rapsöl einreiben. Pfeffer und Koriander in einer Pfanne bei mittlerer Hitze rösten, bis es kräftig duftet. Direkt mit dem rosa Pfeffer in einen Mörser geben und noch warm zerstoßen. Achtung, nicht zu fein! Sobald die Mischung abgekühlt ist, das Meersalz, die gehackte Schokolade, das Kakaopulver und die Chiliflocken untermischen. Diese Gewürzmischung gleichmäßig auf einer Seite des Rückens aufstreuen und leicht andrücken.

2 AM GRILL

Grill für indirekte Hitze mit 140 bis 160 Grad vorbereiten. Den Hirschrücken auf die indirekte Zone des Grills legen, Deckel schließen und auf eine Kerntemperatur von 58 bis 62 Grad grillen.

3 KIRSCHWASSER-SAUCE

Sellerie, Schalotten und Knoblauch klein schneiden, in einem Topf mit der Butter farblos anschwitzen. Mit Pfeffer würzen, mit Kirschwasser ablöschen und einkochen. Nun Geflügelfond und Sahne beifügen und für etwa zehn Minuten köcheln lassen.
Das restliche Kirschwasser mit der Stärke verrühren und in die Sauce einrühren. Kurz aufkochen und anschließend fein mixen. Dabei die kalte Butter einarbeiten und nach Geschmack mit Salz abschmecken.

GERHARDS TIPP

Der Hirschrücken bekommt einen köstlich rauchigen Geschmack, wenn man ihn am Ende der Garzeit mit ein paar Kirschholzchips noch für sechs bis acht Minuten leicht anräuchert ...

GRILLMETHODE Indirekt bei 140–160 Grad ·
Garzeit: Je nach Fleischqualität und Temperatur 35–45 Minuten · Kerntemperatur: 58–62 Grad

REHRÜCKEN AUS DER SALZKRUSTE

MIT EINEM RAGOUT AUS WALDPILZEN UND ÄPFELN

ZUTATEN

REHRÜCKEN

2 kg	Rehrückenlachs
150 g	Bacon in Scheiben
3	Zweige Thymian
1	Zweig Rosmarin
10	Wacholderbeeren
10	Pfefferkörner
1 kg	grobes Meersalz
2	Eiweiß
50 ml	Wasser

WALDPILZ-RAGOUT

800 g	Waldpilze
200 g	Zwiebeln
30 g	Butter
2	Äpfel
40 ml	Weißwein
1 Spr.	Obstessig

REZEPT Marco Stolze

1 REHRÜCKEN

Den Grill auf 200 Grad indirekt vorbereiten. Thymian und Rosmarin klein schneiden. Pfeffer und Wacholderbeeren mörsern und damit den Rehrücken einreiben. Anschließend den Rehrücken mit Bacon umwickeln. Am besten klappt das, wenn Ihr den Bacon auf einer Folie auslegt, den Rücken daraufsetzt und dann wie Sushi wickelt.

2 Für die Salzkruste das Salz mit Eiweiß und Wasser verrühren. Alufolie mit Backpapier auslegen und das Salzgemisch etwa einen Zentimeter stark darauf geben. Jetzt den Rehrücken mittig draufsetzen und das ganze Paket mit Alufolie, Backpapier, Reh und Salz einrollen und einen Kerntemperatur-Fühler mittig in die Rehlachse setzen. Das Reh so indirekt bei 200 Grad für etwa 20 bis 30 Minuten grillen, bis eine Kerntemperatur von 62 Grad erreicht ist.

3 WALDPILZ-RAGOUT

Den Grill für indirektes Grillen bei 200 Grad vorbereiten und einen Dutch Oven in das GBS-System stellen. Die Pilze putzen und klein schneiden. Zwiebel und Äpfel schälen und in Würfel schneiden. Die Zwiebel im Dutch Oven mit der Butter anschwitzen, anschließend mit Weißwein und Essig ablöschen. Die Äpfel unterrühren und für fünf Minuten ziehen lassen. Jetzt die Pilze dazu geben, mit Salz und Pfeffer abschmecken und weitere acht bis zehn Minuten bei 160 Grad schön durchziehen lassen.

4 SERVIEREN

Den Rehrücken aus dem Grill nehmen und ruhen lassen, bis seine Kerntemperatur um drei Grad gesunken ist. Mit einem Messer die Salzkruste aufschneiden und entfernen. Den Rehrücken in Scheiben schneiden und mit den Waldpilzen servieren.

REZEPT Marcel Ksoll

SERVIETTEN-KNÖDEL

20 g zerlassene Butter | 3 Eier, Größe L | **200 g** Toastbrotwürfel ohne Rinde | 250 ml Milch, lauwarm | Salz | Muskatnuss, gerieben

Die Eier vorsichtig trennen. Milch, Dotter, Salz und Muskat verquirlen, die Toastbrotwürfel damit vermischen und 20 Minuten ziehen lassen. Das Eiklar zu Schnee schlagen und unter die Masse heben. Nun die Masse zu einer Rolle formen. Die Alufolie mit Frischhaltefolie belegen und die Rolle darin einwickeln. Die Enden eindrehen und zubinden. Den Grill auf 130 Grad aufheizen. Eine Alu-Abtropfschale mit heißem Wasser auf die Flavorizer Bars stellen und die Serviettenknödel direkt darüber auf dem Warmhalterost platzieren. Die Knödel 30 Minuten dämpfen.

REZEPT Marcel Ksoll

WALDPILZ-POLENTA

200 g Waldpilze | **30 g glatte** Petersilie | 50 g Schalotten, gewürfelt | **80 g** Polenta | **250 ml** Gemüsefond | **40 g** Crème fraîche | 40 g Butter | Salz | Pfeffer

Schalotten mit Waldpilzen und Petersilie anschwitzen, salzen und pfeffern. Im bereits vorgewärmten Wok wird der Gemüsefond zum Kochen gebracht. Nun die Polenta einrühren und anschließend Crème fraîche und Butter dazugeben. Sobald die Polenta die gewünschte Konsistenz erreicht hat, die sautierten Waldpilze beimengen und alles anrichten.

REZEPT Stefano Esposito

EINGELEGTE ZITRONE

2 Bio-Zitronen | 250 g Zucker | 25 g Meersalz 5 g Szechuanpfeffer | 1 Lorbeerblatt 1 Peperoncino | 1 Kardamomkapsel | 1 Sternanis

Die Zitronen waschen, in Scheiben schneiden und in sterile Einmachgläser füllen. Zucker, Meersalz und Wasser mit den restlichen Gewürzen aufkochen, bis der Zucker sich aufgelöst hat und noch kochend-heiß über die Zitronen geben, verschließen und bei 90 Grad in einem Kochtopf mit Wasser bedeckt für 30 Minuten einwecken.

Tipp: Nach zwei Monaten Einlegezeit haben die Zitronen den optimalen Geschmack. Lecker als Beilage zu Tex-Mex-Burgern.

REZEPT Bernhard Reiser

DEFTIGER KAISER-SCHMARRN

150 g Mehl | **400 ml** Milch | **8 Eier,** Größe M | Salz
Pfeffer | Muskat | **100 g** Pfifferlinge | **200 g** Lauch,
fein geschnitten | **30 g** Butterflocken

Die Eier trennen. Eigelb, Milch mit Mehl zu
einer glatten Grundmasse verrühren und mit
Salz, Pfeffer und Muskat abschmecken. Eiweiß steif schlagen und anschließend unter
die Grundmasse heben. Lauch waschen und
in feine Ringe schneiden. Pfifferlinge säubern
und je nach Größe vierteln oder halbieren.
Lauch und Pfifferlinge in einer feuerfesten
Form anbraten und mit Salz, Pfeffer würzen.
Hat das Gemüse die gewünschte Farbe, wird
die Kaiserschmarrn-Masse daraufgegeben und
kurz für fünf Minuten angebacken, bis sie eine
goldbraune Farbe hat. Im vorgeheiztem Grill bei
220 Grad indirekt backen. Ist die Masse aufge-
gangen und in der Mitte leicht gebacken, wird
der Kaiserschmarrn mit zwei Pfannenwendern
gewendet und weitere fünf Minuten gebacken.
Kaiserschmarrn aus dem Grill nehmen und mit
zwei Pfannenwendern zerkleinern. Nochmals
auf den Herd aufstellen und mit Butterflocken
aufschäumen lassen.

Tipp: Passt ausgezeichnet zum Spanferkelschäufele mit weißem Tomatenketchup von
Seite 80!

REZEPTE Stefano Esposito

TOMATEN SALSA GERÄUCHERT

500 g Tomaten aus der Dose, gewürfelt
150 g Zwiebeln, fein gewürfelt | **20 g** Knoblauch-
zehen, fein gewürfelt | **2 g** getrockneter Oregano
Meersalz | schwarzer Pfeffer aus der Mühle
40 g Zucker | **30 g** Olivenöl | **30 g** Apfelholz
Räucherchips (30 Minuten gewässert)

Tomaten gut abtropfen lassen und den Saft der
Tomate beiseitestellen. Die Tomatenstücke zusammen mit den Zwiebelwürfeln in eine
hitzebeständige Schale geben und mit etwas
Olivenöl beträufeln. Durch das Öl wird der
Rauch besser aufgenommen. Bei 120 Grad indirekter Hitze mit dem Apfelholz 20 Minuten
räuchern (geht notfalls auch mit Flüssigrauch).
Danach alles in einem Topf kurz anschwitzen
und mit dem Tomatensaft auffüllen. Mit den
restlichen Zutaten abschmecken und bei kleiner Hitze einkochen, bis der Tomatensaft um
etwa drei Viertel reduziert wurde. Die rauchige
Salsa schmeckt zum Beispiel zu Burgern.

REZEPT Marcel Ksoll

KÜMMELJUS

1 mittelgroße Zwiebel | 5 g Kümmel, ganz
30 g Butter | 125 ml Bier | 150 ml Demi glace

Die fein geschnittene Zwiebel am Seitenkocher
mit Butter anschwitzen, den Kümmel dazugeben und mit dunklem Bier ablöschen. Sobald
der Großteil des Bieres verdampft ist, die Demi
glace dazugeben und einköcheln lassen.

REZEPT Gerhard Volk

KIDNEY BOHNEN PÜREE BBQ-STYLE

420 g Kidney Bohnen Dose | 40 g Ketchup
8 g Pimentón de la Vera (Rauchpaprika)
2 g Zwiebelpulver | 2 g Knoblauchpulver
1 g Curry | 1 g Kreuzkümmel | 4 g Salz
1 g schwarzer Pfeffer, gemahlen | 15 g Aceto Bal-
samico Traditionale di Modena | 40 g Olivenöl

Die Bohnen samt Saft (Aquafaba) und den restlichen Zutaten außer Balsamico und Olivenöl
in einen Topf geben. Bei schwacher Hitze zehn
Minuten unter Rühren leise köcheln lassen.
Dann Balsamico und Olivenöl beifügen und mit
dem Mixer zu einem Püree verarbeiten.

Gerhards Tipps: Das Püree ist sehr gehaltvoll
und gesund – ein echtes Brain Food!
Schmeckt auch als dicke Sauce zu Burger.
Etwas Kreuzkümmel zusätzlich verleiht den

REZEPT Marcel Ksoll

KRAUTSALAT

500 g Weißkraut | 1 mittelgroße Zwiebel
5 g Salz | 15 g Zucker | 10 g Kümmel, ganz
40 ml Apfelessig | 70 ml Rapsöl

Das Kraut fein hobeln, die Zwiebel schälen und
ebenso hobeln und in eine große Schüssel geben. Salz, Zucker und Kümmel dazugeben und
etwa 30 Minuten ziehen lassen. Nun aus den
restlichen Zutaten eine Marinade herstellen, zur
Krautmischung geben und gut durchmengen.
Nach weiteren 30 Minuten ist der Salat servier-
bereit.

REZEPT Marcel Lange

SAFRAN PANCAKE

3 Eier, Größe M | 300 ml Milch | 25 ml Olivenöl
160 g Mehl Type 405 | 8 g Backpulver | 0,1 g Saf-
ran gemahlen | 8 g Salz | 60 g Butterschmalz

Den Grill direkt mit Grillplatte auf 160 bis 180
Grad vorbereiten. Die Eier trennen und das
Eiweiß steif aufschlagen. Die Eigelb mit Milch
und Öl vermengen. Das Eiweiß unterheben und
den Teig 15 Minuten ruhen lassen. Das Butterschmalz auf der Grillplatte schmelzen. Den
Teig zum Beispiel mit einer kleinen Kelle auf
die Platte geben, Deckel schließen und nach
zwei bis drei Minuten wenden und den Vor-
gang wiederholen bis alle Pancakes goldbraun

ZITRONENHUHN

AUS DEM DUTCH OVEN

ZUTATEN

1	Huhn im Ganzen (ca. 1,2 kg)
2	Bio-Zitronen
1,5 kg	Zwiebeln, blättrig geschnitten
5	Knoblauchzehen, geschnitten
4	kleine Zweige Rosmarin
100 ml	Olivenöl
250 ml	Weißwein
Rub	passend für Huhn (z.B. Original Beer Can Chicken)

ODER EIGENEN RUB MACHEN

Rezepte ab Seite 145

REZEPT Patrick Bayer

ZITRONENHUHN

Das Huhn grob zerlegen und die einzelnen Teile mit dem Rub einreiben und beiseitestellen.

Zitronenzesten (sehr fein geriebene Schale der Zitrone) in eine kleine Schüssel reiben, danach die Zitronen komplett schälen, um die bittere weiße Schale zu entfernen. Dann das Fruchtfleisch in Scheiben schneiden.

AM GRILL

In einen Dutch Oven die Hälfte der Zwiebeln, des Knoblauchs und die Zitrone geben. Das marinierte Huhn darauf platzieren und Rosmarin, Olivenöl und Wein dazugeben. Dann das Huhn mit den restlichen Zwiebeln und Knoblauch bedecken.

Den Dutch Oven mit dem Deckel schließen und im vorgeheizten Grill bei 180 bis 200 Grad für 45 Minuten schmoren.

GRILLMETHODE Indirekt im Dutch Oven bei 180 – 200 Grad ·
Garzeit: Je nach Fleischqualität und Temperatur ca. 45 Minuten

HÄHNCHEN IM HEUBETT

IN EINER PAPRIKA-MILCH-MARINADE

ZUTATEN

HEUBETT

1 Liter	Wasser
2	Handvoll Heu

MAISHÄHNCHEN

1,4 kg	küchenfertiges Maishähnchen
200 ml	Wasser
1	Zitrone
1	kleiner Bund Thymian
10 g	Salz
5 g	rosa Pfefferkörner

MARINADE

50 ml	lauwarme Milch
5 g	geräuchertes Paprikapulver

REZEPT Bart Mus

1 HÄHNCHEN

Das Wasser aufkochen, über das Heu gießen und dann im Sieb abtropfen lassen. Die Zitrone längs halbieren und eine Hälfte in Spalten schneiden. Thymian waschen und trocknen. Jetzt das Paprikapulver in der Milch auflösen. Die Hälfte vom Salz mit Pfefferkörnern mörsern. Das Hähnchen von innen mit dem restlichen Salz würzen, danach Zitronenspalten und Thymian zugeben. Das Hähnchen von außen mit der Paprika-Milch einreiben und mit der Salz-Pfeffer-Mischung würzen. Dutch Oven mit Backpapier auslegen und das abgetropfte Heu hineingeben. Das Hähnchen hineinsetzen, andere Zitronenhälfte darüber auspressen und den Dutch Oven schließen.

2 AM GRILL

Den Grill für indirekte Hitze bei 180 Grad vorbereiten. Dutch Oven indirekt im Grill platzieren und das Hähnchen 40 Minuten grillen, anschließend den Deckel runternehmen. 20 Minuten weitergrillen, bis das Fleisch seine Kerntemperatur von 75 Grad erreicht hat und die Haut knusprig braun ist.

BARTS TIPP

Beim Grillen mit einem Holzkohlegrill (Durchmesser 57 Zentimeter) braucht Ihr etwa einen halben Anzündkamin voll Briketts.

SCHWARZFEDER
HUHN AUF SALAT

MIT GERÄUCHERTER CAESAR-SALAD-MARINADE

ZUTATEN

HUHN

1	Schwarzfederhuhn
40 ml	Olivenöl
10 g	Paprika, edelsüß
1 Prise	Salz

SALAT

6	Mini-Romanasalatherzen
1	Scheibe Toastbrot
50 g	Parmesan
6	Scheiben Speck

DRESSING

3	Eier, Größe L
20 g	Senf
30 ml	weißer Balsamico-Essig
250 ml	Rapsöl
30 g	Kapern
2	Sardellenfilets
60 g	Parmesan, gerieben
40 ml	Wasser
1 Prise	Zucker
etwas	Kapernwasser
	Salz
	Pfeffer aus der Mühle

REZEPT Stefan Schneider

 DRESSING

Eine kleine Hand voll Holzchips (Sorte nach Belieben) für 30 Minuten in Wasser einweichen. Den Grill für indirektes Grillen bei etwa 100 bis 120 Grad vorbereiten. Die Eier vier Minuten lang kochen, sofort abschrecken und vorsichtig pellen. Die Eier in die indirekte Zone stellen. Die Holzchips direkt auf die Glut oder beim Gasgrill in einen Räucheraufsatz geben, den Deckel schließen und die Deckellüftung fast ganz schließen. Die Eier für etwa 20 Minuten räuchern, bis sie bernsteinfarben sind. Die geräucherten Eier mit dem Essig und Senf pürieren. Langsam und unter ständigem Mixen das Öl beigeben. Restliche Zutaten hinzufügen, alles fein mixen und abschmecken.

 HUHN

Das Schwarzfederhuhn küchenfertig vorbereiten. Dafür das Huhn von hinten öffnen und die Innereien entnehmen, falls nicht schon erledigt. Im Anschluss das Huhn abtupfen. Aus Öl, Paprikapulver und Salz eine Marinade herstellen. Das Huhn von innen und außen mit der Marinade einreiben und auf dem Drehspieß fixieren. Bei 180 Grad das Huhn für etwa 60 Minuten indirekt garen und immer wieder mit der Marinade bepinseln. Vor dem Tranchieren nachher das Schwarzfederhuhn 15 Minuten ruhen lassen. Die Kerntemperatur in der Keule sollte bei 70 Grad liegen.

 Derweil den Salat putzen, waschen, schleudern und mit dem Dressing marinieren. Aus dem Toastbrot feine Croûtons herstellen und den Speck kross anbraten. Parmesan in Späne hobeln.

 Das Huhn vom Drehspieß lösen. Zwischen Brust und Keule einschneiden und dem Verlauf bis ins Gelenk folgen. Kurz ins Gelenk einstechen und die Keule herausdrehen. Immer mit der Messerspitze arbeiten. Rechts und links vom Brustbein bis zu den Liebesknochen entlang schneiden, die Messerspitze drehen und weiterschneiden. Die Brust vom Brustkorb lösen.

GRILLMETHODE Indirekt bei 180 Grad · Kerntemperatur: 70 Grad ·
Garzeit: Grillen etwa 60 Minuten, Räuchern etwa 20 Minuten

Das ist der Trick: Zwischen das ausgelöste Brustbein und das komplette
Brustfleisch des Hähnchens (mit Haut!)
kommen Thymian und Zitrone. Zudem
ist das Fleisch mit Rub eingerieben und
wird so wunderbar würzig und saftig

Für 4 Personen
Zubereiten: 45 Minuten
Grillen: 40 Minuten
Indirekt bei 120–140 Grad
In der Pfanne 160–180 Grad

HÄHNCHEN AM KNOCHEN

AUF ZITRONEN GEGRILLT UND MIT KRÄUTER-MAYONNAISE

ZUTATEN

HÄHNCHEN

2	(doppelte) Maishähnchenbrüste am Knochen
1	Bio-Zitrone
5 g	Knoblauch
12	Zweige Thymian
80 g	Butter
50 ml	Olivenöl

CHICKEN RUB

5 g	Paprikapulver, rosenscharf
5 g	Paprikapulver, geräuchert
25 g	Rohrzucker
12 g	Meersalz, fein
10 g	Zwiebelpulver
10 g	Knoblauchpulver
2 g	schwarzer Pfeffer, gemahlen
2 g	Senfpulver

KRÄUTER-MAYONNAISE

1	Ei
20 g	Dijon-Senf
15 ml	weißer Balsamico-Essig
5 g	Salz
180 ml	Rapsöl
6	Halme Schnittlauch
2	Stängel Petersilie
2	Zweige Thymian

ZUBEHÖR

Bratenschnur zum Binden

REZEPT Tobias Walker

1 ZUBEREITUNG

Das Hähnchenfleisch am Stück vom Knochen lösen. Die Zitronen heiß abwaschen und sechs hauchdünne Scheiben abschneiden. Den Rest der Zitrone in vier gleichdicke Scheiben schneiden.

2 Die Gewürze für den Rub in einer Schüssel gründlich vermischen. Die Knochen mit je vier Thymianzweigen und drei Scheiben Zitrone belegen. Das ausgelöste Fleisch auf der Hautseite mit dem Olivenöl bestreichen und rundherum mit dem Rub würzen und wieder auf den Knochen legen. Mit der Bratenschnur am Knochen festbinden. Den Grill auf 120 bis 140 Grad indirekte Hitze vorbereiten.

3 AM GRILL

Die Hähnchenbrust mit dem Knochen nach unten auf den Grillrost legen. Den Kerntemperaturfühler mittig in das Fleisch stecken und den Deckel des Grills schließen. Bei 65 Grad Kerntemperatur (nach etwa 25 bis 30 Minuten) das Hähnchenbrustfilet vom Grill nehmen.

4 Eine Gusspfanne auf den Grill stellen und diesen auf 160 bis 180 Grad aufheizen lassen. Die vier dicken Zitronenscheiben auf der direkten Zone von beiden Seiten angrillen, bis sie beginnen leicht zu karamellisieren. Nun die Hähnchenbrust zusammen mit der Butter, den karamellisierten Zitronenscheiben, dem Knoblauch und dem restlichen Thymian in die Pfanne geben und bei geschlossenem Deckel bis zu einer Kerntemperatur von 72 bis 75 Grad garen.
Zwischendurch immer mal wieder etwas von der Butter über die Hähnchenbrust geben.

5 Für die Mayonnaise alle Zutaten bis auf die Kräuter und das Öl in einen Mixbecher geben und mit dem Mixstab aufmixen. Nach und nach das Rapsöl einlaufen lassen. Die fertige Mayonnaise mit den klein geschnittenen Kräutern vermengen.

GRILLMETHODE Indirekt bei 120–140 Grad · In der Pfanne bei 160–180 Grad ·
Garzeit: Je nach Fleischqualität und Temperatur ca. 40 Minuten · Kerntemperatur: 72–75 Grad

SALZSTEIN
HÄHNCHEN

AN EINER FRISCHEN GREMOLATA

ZUTATEN

WÜRZPASTE

1	Zweig Rosmarin
18 g	grobes Meersalz
1	unbehandelte Limette, Abrieb und Saft
5 g	Paprika, edelsüß
5 g	Knoblauchpulver
2 EL	Olivenöl

GREMOLATA

1	Zitrone, Abrieb
1	kleiner Bund glatte Petersilie
1	frische Knoblauchzehe, gehackt
2 EL	Olivenöl

HÄHNCHEN

1	Maishähnchen Kikok, ca. 1,4 kg

ZUBEHÖR

Eine für das Grillen geeignete Salzplanke

REZEPT Kai Menzenbach

WÜRZPASTE

Die Nadeln vom Rosmarin abstreifen und fein hacken. Das Grüne der Limettenschale mit einer Reibe abreiben und zusammen mit dem Limettensaft in eine kleine Schale geben. Den gehackten Rosmarin und die restlichen Zutaten beigeben und alles gut vermengen.

GREMOLATA

Die gelbe Schale der Zitrone abreiben, Petersilie grob und Knoblauch fein hacken und das Olivenöl zugeben. Alle Zutaten vermengen.

HÄHNCHEN

Das Hähnchen trocken tupfen, den Grill für eine mittlere direkte Hitze mit einer Garraum-Temperatur von etwa 200 Grad vorbereiten.

Mit einer Geflügelschere das Rückgrat des Hähnchens heraustrennen, das Hähnchen aufklappen und mit etwas Druck plattieren. Das so ausgelöste Huhn mit der Würzpaste einmassieren.

Das Huhn auf den vorgeheizten Grill zur direkten Hitze mit der Hautseite auflegen und mit der Salzplanke beschweren. Das Huhn vorsichtig garen, nach 20 Minuten einmal wenden und mit der geöffneten Bauchseite nach unten auflegen, ebenfalls wieder mit dem Salzstein beschweren.

Das Huhn bis zu einer Kerntemperatur von 76 bis 78 Grad grillen, vom Grill nehmen und fünf Minuten ruhen lassen. Im Anschluss in Stücke zerteilen und mit der Gremolata servieren.

Für 4 Personen
Zubereiten: 30 Minuten
Marinieren: über Nacht
Grillen: 55 Minuten
Direkt bei 180 Grad
Indirekt bei 180 Grad

YAKITORI-SPIESSE
VOM KIKOK-HUHN

MIT SHIITAKE-PILZEN UND WASABI-STAMPF

ZUTATEN

SPIESSE

500 g	Pollo fino vom Kikok-Hühnchen (ausgelöste Geflügeloberkeule)
70 ml	Teriyaki-Sauce
150 g	Shiitake-Pilze
4	Grillkartoffeln, je 180 g
40 g	Butter
80 ml	Milch
5 g	Wasabi
	Salz
	Muskat

ZUBEHÖR

8	Metallspieße

REZEPT Carsten Dorhs

ZUBEREITUNG

Die Geflügelkeulen in zwei Zentimeter große Würfel schneiden. Das Geflügelfleisch mit der Teriyaki-Sauce marinieren. Am besten **über Nacht im Vakuumbeutel im Kühlschrank marinieren** lassen.

Die Pilze putzen, gegebenenfalls halbieren und zusammen mit dem Geflügelfleisch auf den Spießen verteilen. Locker auf den Spieß stecken und nicht zu dicht aneinanderdrücken. Kartoffeln gründlich waschen. Zuerst in Backpapier und danach in Alufolie einwickeln.

AM GRILL

Grill für indirektes Grillen bei 180 Grad vorbereiten. Die Kartoffeln auf die indirekte Zone des Grills legen, bei geschlossenem Deckel gut 40 Minuten grillen, bis sie gar sind.

Die Geflügelspieße in der direkten Zone des Grills mit geschlossenem Deckel von beiden Seiten vier bis fünf Minuten grillen. Aufpassen mit der Farbe und der Hitze. Gegebenenfalls lieber indirekt zu Ende garen. Vor dem Servieren noch etwas ruhen lassen.

Sobald die Kartoffeln gar sind, auspacken und pellen. In der Zwischenzeit Butter und Milch in einem Topf erhitzen. Kartoffeln zufügen und mit Wasabi, Salz und Muskat würzen. Mit dem Kartoffelstampfer alles grob vermengen. Noch einmal abschmecken.

CARSTENS TIPP

Eine perfekte und sehr schnelle Vorspeise. Die Plancha macht einem gerade bei Gerichten, die sonst am Rost kleben bleiben können, das Grillen einfacher beziehungsweise sicherer. Falls es mal schnell gehen muss, kann man auch Geflügelbrust verwenden. Das ist etwas weniger Arbeit, hat aber auch weniger Geschmack ...

GRILLMETHODE Huhn: Direkt bei 180 Grad, Kartoffeln: Indirekt bei 180 Grad ·
Garzeit: Huhn 10 Minuten, Kartoffeln 45 Minuten

HÜHNCHEN
KOKOS-CURRY

AUS DEM WOK

ZUTATEN

FLEISCH

400 g	Hühnchenbrustfilet
etwas	Kokosfett für den Wok

GEMÜSE

80 g	Zwiebel, geschnitten
5 g	Knoblauch, gehackt
200 ml	Hühnerbrühe
400 ml	Kokosmilch
20-30 g	Currypulver
15-20 g	rote Currypaste
200 g	braune Champignons (in Scheiben geschnitten)
100 g	geschnittene Ananas
1	Limette
	Salz
	Pfeffer
1 Bd.	Frühlingszwiebeln

ZUBEHÖR

Wok

REZEPT Marco Korte

1 ZUBEREITUNG

Den Wok bei direkter Hitze auf 250 Grad 15 Minuten lang vorheizen. In der Zwischenzeit das Hühnchenbrustfilet in etwa einen Zentimeter große Würfel schneiden. Champignons in feine Scheiben schneiden. Die weiteren Zutaten ebenfalls fein schneiden und bereitstellen.

2 AM GRILL

Etwas Kokosfett im Wok erhitzen und Zwiebeln und Knoblauch dazugeben. Bei geöffnetem Deckel das Fleisch von allen Seiten scharf anrösten, bis es braun ist. Dann sofort aus dem Wok nehmen und beiseitestellen.

3 Die Hühnerbrühe und die Hälfte der Kokosmilch im Wok zum Kochen bringen und mit dem Currypulver und der Currypaste bei geschlossenem Deckel zehn Minuten köcheln lassen. Die Champignons hinzugeben und weitere fünf Minuten köcheln lassen, dann die Ananas dazu und nochmals fünf Minuten köcheln lassen – immer bei geschlossenem Deckel.

4 Das Fleisch wieder hinzugeben und zwei bis drei Minuten köcheln lassen. Mit dem Saft der Limetten und gegebenenfalls etwas Salz und Pfeffer abschmecken und mit den fein geschnittenen Frühlingszwiebeln garnieren.

GRILLMETHODE Direkt im Wok bei 250 · Garzeit: 30–45 Minuten

PULLED
GIN-TONIC-CHICKEN

IM GEGRILLTEN BURRITO MIT CHEDDAR-COLESLAW-FÜLLUNG

ZUTATEN

HÄHNCHEN

750 g	Hähnchen-Oberkeulen ohne Knochen
40 g	BBQ-Rub
50 g	BBQ-Sauce
20 ml	Apfelessig

MARINADE

500 ml	Wasser
100 ml	Gin
150 ml	Tonic
2	Lorbeerblätter
3	Wacholderbeeren
25 g	Salz
10 g	Zucker
20	schwarze Pfefferkörner

BURRITO MIT FÜLLUNG

4	Weizentortillas (28 cm Durchmesser)
150 g	Coleslaw
100 g	geriebener Cheddar

ZUBEHÖR

große Aluschale

REZEPT Bart Mus

1 ZUBEREITUNG

Wacholderbeeren zerdrücken und mit den anderen Zutaten zur Marinade verrühren, bis Salz und Zucker aufgelöst sind. Danach den Hähnchenkeulen die Knochen entnehmen, vakuumieren und so **zwölf Stunden marinieren** lassen. Dann Keulen aus der Marinade nehmen, abreiben und trocknen. Jetzt mit dem BBQ-Rub würzen.

2 AM GRILL

Den SmokeFire auf Smoke Boost stellen. Aluschale auf die Aroma-schienen unter den Rost und die Hähnchenkeulen auf den Rost legen. Jetzt die Keulen eine Stunde mit Smoke Boost räuchern. Die Temperatur im Grill auf 135 Grad erhöhen und die Hähnchen-keulen grillen, bis eine Kerntemperatur von 85 Grad erreicht ist.

3

Die Haut von den fertigen Hähnchenkeulen entfernen und in feine Streifen schneiden. Das Fleisch in etwas größere Stücke teilen. Beides mit BBQ-Sauce und Apfelessig vermengen und mit Salz und Pfeffer würzen. Danach in Alufolie kurz warmhalten.

4

Die Tortillas 30 Sekunden lang auf dem Grill aufwärmen, umdrehen, jeweils ein Viertel vom Käse darüberstreuen und schmelzen lassen. Coleslaw und Fleisch auf die Tortillas geben. Die Seiten einklappen und die Längsseite darüberlegen, andrücken und aufrollen.

BARTS TIPP

Der Pelletsmoker SmokeFire eignet sich super für dieses Gericht. Es funktioniert aber auch mit einem guten Holzkohle- oder Gasgrill. Dann gilt: Erst bei etwa 80 Grad mit einer guten Handvoll Räucher-chips räuchern, dann grillen.

GRILLMETHODE Räuchern und indirekt bei 135 Grad oder mit Searing · Garzeit: Je nach Fleischqualität und Temperatur 2,5 Stunden · Kerntemperatur: 85 Grad

TREPTOWER TACO

MIT GEGRILLTEM HUHN UND ERBSENPÜREE

ZUTATEN

TACO

600 g	Pollo fino (entbeinte Hühnerkeulen)
12	Tortillafladen (12 cm)
200 g	tiefgefrorene Erbsen
20 g	Butter
80 g	Sahne
5 g	Petersilie
2,5 g	Salz
	Pfeffer
350 g	Frühlingszwiebeln
50 g	frischer Koriander
3	Bio-Limetten

RUB

13 g	Cape Herb & Spice Louisiana Cajun Rub

ODER DEN RUB SELBER MACHEN

11 g	Cayennepfeffer
14 g	Ras el-Hanout
12 g	Paprika, edelsüß
10 g	Pimentón de la Vera (Rauchpaprika)
50 g	Rohrohrzucker
40 g	Salz
13 g	schwarzer Pfeffer

REZEPT Silvia Bursche

1 VORBEREITUNG

Pollo fino von allen Seiten mit Rub bestreuen und leicht andrücken. Die Frühlingszwiebeln putzen, Koriander grob durchhacken und die Limetten halbieren. Erbsen kurz ankochen, abschütten und mit Butter, Sahne, Petersilie, Salz und Pfeffer pürieren. Dieses Erbsenpüree mit raus zum Grill nehmen.

2 AM GRILL

Den Grill für direktes Grillen bei 250 Grad vorheizen. Die Frühlingszwiebeln im Ganzen grillen, bis sie gar sind. Vom Grill nehmen und die äußeren, schwarzen Stellen entfernen und in kleine Ringe schneiden.

3

Jetzt das Fleisch zuerst von der Hautseite angrillen und anschließend immer wenden, bis es eine Kerntemperatur von 76 bis 80 Grad erreicht hat. Auf einem Brett kurz ruhen lassen.

4

Die Tortillas von jeder Seite scharf etwa 15 Sekunden angrillen und mit einem guten Esslöffel Püree bestreichen. Das Fleisch mit einer Prise Meersalz bestreuen, in Streifen schneiden, auf den Tacos verteilen.

5 ANRICHTEN

Nun Frühlingszwiebeln und Koriander darüber verteilen und mit einem guten Spritzer Limettensaft vollenden. Sofort servieren.

RUBS SELBER MACHEN

NIE WIEDER BULLSHIT? DANN SEID IHR MIT FRISCHEN UND LECKEREN HOME-MADE-RUBS GENAU RICHTIG UNTERWEGS!

REZEPT Stefan Schneider

PASTRAMI

200 g Salz | **50 g** brauner Zucker | **35 g** Paprika, edelsüß | **5 g** Mélange Noir (von Altes Gewürzamt) **3 g** Knoblauchpulver | **1 g** Cayennepfeffer **5 g** Senfpulver | **2 g** Senfsaat | **2 g** Selleriesaat

Alles gut vermengen! Stefan Schneider empfiehlt 20 g fertigen Rub pro Kilogramm Fleisch. Sehr gut zu Pastrami, Roastbeef oder auch Beef Brisket.

REZEPT Marcel Lange

ZITRONE

25 g bunter Pfeffer, ganz | **1** Zitrone, Abrieb **10 g** Salz | **10 g** Paprika | **8 g** Knoblauchpulver **12 g** brauner Zucker

Pfeffer in einem Topf bei mittlerer Hitze gleichmäßig rösten und warm mit Zitronenabrieb sowie Salz mörsern. Paprika, Knoblauchpulver und Zucker unterrühren. Die Menge ist perfekt für ein großes Grillhähnchen mit etwa 1,2 kg.

REZEPT Stephan Zwikirsch

BBQ

70 g Paprika, edelsüß | **15 g** Knoblauch-Granulat **15 g** Zwiebel-Granulat | **20 g** Meersalz **20 g** schwarzer Pfeffer | **25 g** Ingwer, gemahlen **30 g** brauner Zucker | **10 g** Chili | **10 g** Cumin

Gewürze vermischen. Fleisch einreiben und mindestens eine halbe Stunde einziehen lassen. Perfekt für Rind, Schweinefleisch und Ribs.

REZEPT Tobias Walker

CHICKEN

5 g Paprikapulver, rosenscharf | **5 g** Paprikapulver, geräuchert | **25 g** Rohrzucker | **12 g** feines Meersalz | **10 g** Zwiebelpulver | **10 g** Knoblauchpulver **2 g** schwarzer Pfeffer, gemahlen | **2 g** Senfpulver

Die Gewürze in einer Schüssel gründlich vermischen. Hähnchenfleisch rundum damit einreiben, etwas einziehen lassen und grillen. Die Menge reicht für ein großes Hähnchen.

REZEPT Silvia Bursche

TREPTOWER RUB

11 g Cayennepfeffer | **14 g** Ras el-Hanout | **12 g** Paprika, edelsüß | **10 g** Pimentón de la Vera (Rauchpaprika) **50 g** Rohrohrzucker | **40 g** Salz | **13 g** schwarzer Pfeffer

Die Gewürze in einer Schüssel gut vermischen und für Hähnchen, Schweinefleisch oder auch Rind verwenden.

Für 4 Personen
Zubereiten: 35 Minuten
Grillzeit Kartoffeln: 45 Minuten
Indirekt bei 170 Grad

RIESENGARNELEN AUS DEM WOK

MIT LIMONENCREME & GEBACKENEN KARTOFFELN

ZUTATEN

LIMONENCREME

250 g	Quark
100 g	Frischkäse
30 ml	Limonenöl
2 g	Paprikapulver, geräuchert
1 Zehe	Knoblauch, klein geschnitten
	Salz und Pfeffer
	Zucker

KARTOFFELN

4	große Kartoffeln
40 g	Butter
	Backpapier
	Alufolie

GARNELEN

20	Garnelen
150 g	getrocknete Tomaten (in Öl), klein geschnitten
100 g	Kapern-Äpfel, geviertelt
100 g	schwarze Oliven, geachtelt
10 ml	Pflanzenöl
1	Zweig Rosmarin, gehackt
2	Knoblauchzehen in Scheiben
¼	unbehandelte Zitrone
15 ml	Olivenöl
1 g	Meersalz
1 g	Pfeffer
250 g	Petersilie, gehackt (1 Bund)

REZEPT Patrick Speck

1 LIMONENCREME

Alle Zutaten miteinander vermengen und mit Salz, Pfeffer und einer Prise Zucker abschmecken.

2 GEBACKENE KARTOFFELN

Die Kartoffeln waschen und mit einem Messer zur Hälfte ein Kreuzmuster einschneiden. Danach mit einem Stück Butter verfeinern und in Backpapier sowie im Anschluss in Alufolie einpacken.

3 AM GRILL

Die verpackten Kartoffeln im vorgeheizten Grill auf der indirekten Zone 45 Minuten bei 170 Grad garen. Für Freunde von Messfühlern: Die perfekte Kerntemperatur liegt bei 94 Grad.
Vor dem Servieren natürlich die Alufolie und das Backpapier entfernen. Die Kartoffel leicht aufdrücken. Später beim Servieren etwas Limonencreme auf die Kartoffel geben, aber jetzt sind erstmal die Garnelen dran ...

4 GARNELEN

Die Garnelen enthäuten und den Darm entfernen. Nun den Grill auf 260 Grad vorheizen und die Wokpfanne erhitzen. Etwas Pflanzenöl in die Pfanne geben und die Garnelen von beiden Seiten scharf anbraten. Danach Tomaten, Kapern, Oliven, Rosmarin, Knoblauch und klein geschnittene Zitrone zu den Garnelen hinzufügen. Anschließend mit Meersalz, Pfeffer, Olivenöl und frischer Petersilie abschmecken und sofort servieren.

GRILLMETHODE Garnelen: Im Wok scharf anbraten bei 260 Grad ·
Kartoffeln: Indirekt bei 170 Grad · Garzeit: 45 Minuten · Kerntemperatur: 94 Grad

PULPO SPIESSE

MIT LAUWARMEM EDAMAME-TOMATENSALAT

ZUTATEN

MARINADE FÜR DEN PULPO

3 g	Pimentón de la Vera (Rauchpaprika)
3 g	Salz
½	Limette, Abrieb

PULPO-SPIESSE

1 kg	frischer Pulpo
15 g	Salz

EDAMAME-TOMATENSALAT

320 g	Edamame
400 g	Kirschtomaten
15 ml	Olivenöl
1	Limette
	Salz und Pfeffer nach Geschmack

REZEPT Roberto Venturino

1 MARINADE

Paprikapulver, Salz und Limettenschale in eine Schüssel geben und vermengen.

2 PULPO-SPIESSE

Pulpo kalt abwaschen. In einem Topf mit 250 Milliliter Wasser und dem Salz abgedeckt auf kleiner Temperatur eine Stunde in siedendem Wasser garen lassen. Der Pulpo ist fertig, wenn man mit einer Gabel leicht in ihn hineinstechen kann.
Pulpo herausnehmen und auf einem Backblech abkühlen lassen. Den abgekühlten Pulpo in gleich große Stücke schneiden (gerne etwas größer). Mit der Marinade einreiben und kurz einziehen lassen. Metall- oder Holzspieße nehmen und die Stücke gleichmäßig auf vier Spieße verteilen.

3 EDAMAME-TOMATENSALAT

Edamame aus ihren Schalen holen und in einem Topf kurz blanchieren. Mit Eiswasser abschrecken. Tomaten waschen und halbieren. Den Grill für direktes Wok-Grillen bei 180 Grad vorbereiten. Edamame in den Wok geben und mit Olivenöl kurz erwärmen. Tomaten dazugeben. Die Schale und den Saft von einer halben Limette dazugeben. Mit Salz und Pfeffer abschmecken und bereitstellen.

4 AM GRILL

Den Grill für direktes Grillen bei 180 bis 200 Grad vorheizen. Grillrost mit etwas Sonnenblumen- oder Rapsöl einreiben. Pulpo-Spieße auf die direkte Zone des Grills legen und von allen Seiten bei geschlossenem Deckel goldbraun grillen. Mit dem warmen Salat servieren.

ROBERTOS TIPP

Wer Holzspieße verwendet, sollte diese vorher für eine Stunde in Wasser legen, dann fangen sie kein Feuer!

AUSTERN UNTER DER PARMESAN-GLASUR

MIT FEIN GEWÜRZTEM BLATTSPINAT

ZUTATEN

250 g	Blattspinat, frisch oder TK
40 g	Olivenöl
10 g	Knoblauch, fein gewürfelt
	Salz, Pfeffer
16	Austern (Kaliber No.3)

PARMESANGLASUR

150 g	Mayonnaise (hausgemacht)
10 g	frischer Kerbel
60 g	Parmesan, gerieben
	Salz, Pfeffer und Muskat zum Würzen

REZEPT Gerhard Volk

 SPINAT

Den Blattspinat waschen, zupfen, trocknen und schleudern. Olivenöl in einem Topf erhitzen. Schalotten und Knoblauch darin glasig schwitzen, den Blattspinat hinzufügen und mit anschwitzen, bis er zusammenfällt. Mit Salz und Pfeffer würzen und den Spinat sofort aus dem Topf auf einen Teller geben und erkalten lassen. Alternativ könnt Ihr auch TK-Blattspinat verwenden.

 AUSTERN

Austern mit einem Austermesser öffnen, das Fleisch von der Schale lösen und umdrehen. Eventuelle Schalenrückstände sowie das Austernwasser entfernen, sonst beginnt es beim Grillen zu kochen. Den Blattspinat auf den Austern verteilen, bis sie bedeckt sind.

 PARMESANGLASUR

Für die Parmesanglasur den Kerbel fein schneiden und gründlich mit den restlichen Zutaten mischen und abschmecken. Die Parmesanglasur auf dem Blattspinat verteilen bis dieser vollständig bedeckt ist. Die Austern bis zum Servieren kalt stellen.

 AM GRILL

Grill für indirektes Grillen bei 260 bis 290 Grad vorbereiten. Die Austern auf die indirekte Zone des Grills legen, Deckel vom Grill schließen und für etwa drei bis vier Minuten grillen.

 Die Austern auf einem Teller oder einer Platte mit einem Meersalz-Bett anrichten und sofort servieren.

GERHARDS TIPP

Die Austern nicht zu lange grillen, damit sie schön glasig bleiben!

Wenn Ihr keine Hummer-
schwänze kriegt, kauft Ihr
einfach ganze Tiere. Um
sie zu töten, müssen sie
mit dem Kopf voran für
zwei Minuten in spru-
delnd kochendes Wasser.
Danach sind sie tot, innen
noch roh und ihr könnt
den Hummerschwanz
leicht abdrehen. Wir ha-
ben natürlich zusätzlich
auch die Scheren gegrillt
und genossen …

Für 4 Personen
Zubereiten: 30 Minuten
Grillen: 5–8 Minuten
Indirekt bei 180°C

HUMMER MIT VANILLEBUTTER

AUF DEM PANZER INDIREKT GEGRILLT

ZUTATEN

HUMMER

4	Hummerschwänze

VANILLEBUTTER

3 g	Knoblauchzehe, geschält
1 cm	Ingwer, Abrieb
1	Vanilleschote
150 g	Butter, zimmerwarm
30 g	Pankomehl
1	Limette, Abrieb
10 g	Salzflocken
	Pfeffer
2 g	brauner Zucker

REZEPT Mirko Schweiger

1 VANILLEBUTTER

Knoblauch in sehr kleine Würfel schneiden, Ingwer schälen und mit einer Microplane einen Zentimeter abreiben. Vanilleschote halbieren und das Vanillemark mit einem Messer ausschaben. Die zimmerwarme Butter in eine Rührschüssel geben und mit einem Schneebesen das Vanillemark, die Knoblauchwürfel, Ingwer, Limettenabrieb und das Pankomehl sowie Salz, Pfeffer und Zucker verrühren.

2 HUMMER

Die Hummerschwänze auf den Rücken drehen, mit Hilfe einer Schere die Haut entlang der Panzer rundum aufschneiden und entfernen. Jetzt das Hummerfleisch im Ganzen aus dem Panzer lösen. Danach umgedreht wieder in den Panzer einsetzen. Die aufgeschlagene Vanillebutter etwa einen Zentimeter gleichmäßig auf dem Hummerfleisch verteilen.

3 AM GRILL

Den Grill für indirektes Grillen bei 180 Grad vorbereiten.
Auf dem Grillrost in den indirekten Bereich die Hummerschwänze mit der Panzerseite nach unten auflegen. Der Hummerschwanz ist fertig, wenn das Hummerfleisch eine Kerntemperatur von 50 Grad erreicht hat.

MIRKOS TIPP

Ach ja ... Alle, die einen Weber-Grill mit BackBurner oder einen Oberhitze Grill haben, können dem Hummer damit natürlich noch eine extra schöne Kruste verleihen.

GRILLMETHODE Indirekt bei 180 Grad
Garzeit: Je nach Größe 5–8 Minuten · Kerntemperatur: 50 Grad

GEFÜLLTER WALLER
VON DER PLANCHA

IM GANZEN GEGART

ZUTATEN

GEFÜLLTER WALLER

3,5 kg	Waller (ca. 1 m Länge)
200 g	Karotten
200 g	Zucchini
50 g	Petersilie
10 g	Minze
20 g	Ingwer
15 g	Chili
	Salz und Pfeffer

MINZ-MEERETTICH-JOGHURT

500 g	Joghurt (3,5 %)
10	frische Minz-Stiele
30 g	frischen Meerrettich
10 g	Knoblauch
	Salz und Pfeffer

MINZ-MEERETTICH-JOGHURT

Küchengarn

REZEPT Bärbl Hasenöhrl

1 ZUBEREITUNG WALLER

Den ausgenommenen, küchenfertigen Waller gut waschen und trocken tupfen. Die Karotten und die Zucchini fein raspeln. Petersilie, Minze und Ingwer sehr fein schneiden und mit den Karotten und Zucchini vermengen. Mit Salz und Pfeffer würzen.
Die Bauchhöhle des Wallers kräftig mit Salz und Pfeffer würzen und mit der Gemüsemischung füllen.

2

Plancha etwas einölen, den Fisch darauflegen. Achtung: Bauchlappen nach außen aufstellen (siehe Foto), sodass der Fisch mit dem Rücken nach oben steht. Da der Waller für die Plancha zu groß ist, muss die Schwanzflosse an den Kopf gebunden werden. Hierzu mittels einer Spicknadel den Kieferbereich und den Schwanz durchstechen und mit einem Garfaden zusammenbinden.

3 JOGHURTSAUCE

Minze und Knoblauch fein schneiden, Meerrettich reiben und alles mit dem Joghurt vermengen. Mit Salz und Pfeffer abschmecken.

4 AM GRILL

Grill für indirektes Grillen bei 140 bis 160 Grad vorbereiten. Plancha auf indirekter Zone einsetzen. Bei geschlossenem Deckel so lange grillen, bis eine Kerntemperatur von 60 bis 62 Grad erreicht ist. Fisch vom Grill nehmen und fünf Minuten ruhen lassen. Mit einem Messer die Haut des Wallers am Rückgrat und längs zum Kopf einschneiden. Mit einer Fleischgabel, vom Kopf ausgehend, die Haut abrollen und das Fleisch mit zwei Löffeln von den Gräten befreien. Mit dem Minz-Meerrettich-Joghurt servieren.

BÄRBLS TIPP

Je kleiner der Waller ist, desto fester ist sein Fleisch! Deshalb sollte er nicht größer als 1,30 Meter sein. Das Fleisch an der Schwanzflosse hat einen sehr intensiven Geschmack und ist gallertartig, deshalb verwerte ich diesen Teil nach dem Grillen gerne für einen Fischfond.

GRILLMETHODE Indirekt bei 140–160 Grad
Garzeit: Je nach Fischqualität und Temperatur 30–40 Minuten · Kerntemperatur: 60–62 Grad

FLAMMLACHS
AUF ZEDERNHOLZ
AUS DEM HOLZKOHLEGRILL MIT LIMETTEN-WÜRZ-MISCHUNG

ZUTATEN

LACHS
700 g	Lachsfilet mit Haut, küchenfertig und am Stück

LAKE
1 Liter	Wasser
55 g	Salz
15 g	Zucker

GEWÜRZMISCHUNG
8	Wacholderbeeren
15 g	schwarze Pfefferkörner
10 g	Senfkörner
10 g	Meersalz
1	Limette, Abrieb
	Trennspray

ZUBEHÖR
Trennspray
Fisch- und Gemüsekorb
Zedernholzbrett
Beutel Buchenchips

REZEPT Bart Mus

1 ZUBEREITUNG
100 ml Wasser erwärmen und Salz und Zucker darin auflösen. Das restliche Wasser hinzugeben und das Lachsfilet mit der Hautseite nach oben hineingeben, bis es komplett bedeckt ist. Nun das Brett darauflegen und den Fisch in seiner Lake **für 12 Stunden im Kühlschrank durchziehen lassen**.

2 Die Gewürze im Mörser zerstoßen und mit dem Abrieb vermischen. Die restliche Limette in vier gleich dicke Scheiben schneiden.

3 Lachsfilet und Brett aus der Lake nehmen und das Lachsfilet trocken tupfen. Nun den Lachs mit der Hautseite nach unten auf das Brett legen und auf der Haut vorportionieren. Die Haut dabei nicht durchschneiden. Mit der Gewürzmischung bestreuen und die Limettenscheiben auf die dickste Stelle des Lachses geben. Den Fischkorb mit Trennspray einsprühen und das Brett mit dem Lachsfilet zwischen Grillkessel und -deckel einspannen – notfalls mit einer Schraubzwinge die ganze Konstruktion sichern.

4 AM GRILL
Ein Drittel des Anzündkamins mit Grillbriketts fast durchglühen lassen, anschließend in den Kohlenkorb umfüllen und nicht ganz mittig im Grill platzieren. Den Fischkorb vorne auf dem Grillrand platzieren und mit dem Deckel fixieren. Den Deckel dabei leicht aus der Halterung lösen. Nach und nach Holzchips in die Glut geben, sodass Flammen entstehen. So etwa 25 Minuten weitermachen, bis der Fisch seine Kerntemperatur von 48 bis 56 Grad erreicht hat.

Für 4 Personen
Zubereiten: 30 Minuten
Marinieren: 1 Stunde
Grillen: 20 Sekunden
Direkt bei 200 Grad

JAPANISCHER
TATAKI-LACHS

MIT ERDNÜSSEN, AVOCADO- UND WASABI-CREME

ZUTATEN

LACHS

500 g	Lachsfilet, Mittelstück, (küchenfertig)
60 ml	Sojasauce
5 g	Wasabi
4 g	Ingwer, frisch gerieben
1	Bio-Limette, Abrieb
60 g	Sesam zum Panieren
25 ml	Öl zum Braten

AVOCADO-CREME

2	reife Avocados
20 ml	Reisessig (Sushi Essig)
	Chili
	Salz

WASABI-CREME

80 g	Crème fraîche
60 g	Joghurt
5 g	Wasabi
1	Bio-Zitrone, Abrieb
	Salz, Pfeffer

ANRICHTEN MIT

	Ketjap-Manis-Sauce
	frischem Koriander
	Erdnüsse

REZEPT Carsten Dorhs

1 LACHS

Den Lachs der Länge nach in vier gleich große Stücke schneiden. Sojasauce, Wasabi, geriebenen Ingwer und Limettenabrieb verrühren. Den Fisch damit im Kühlschrank für gut eine Stunde marinieren. Zwischendurch wenden. Danach die Stücke gleichmäßig mit Sesam panieren.

2 AVOCADO- UND WASABI-CREME

Die Avocados halbieren, die Steine entfernen, vierteln und Schale entfernen. In eine Schüssel geben, mit Salz, Chili und dem Reisessig würzen und mit einer Gabel grob zerkleinern.
Crème fraîche und Joghurt in einer Schüssel verrühren. Mit Wasabi, Salz, Pfeffer und Zitronenabrieb würzen.

3 AM GRILL

Grill mit direkter Hitze und Plancha auf 200 Grad vorheizen. Den Fisch mit etwas Öl auf der Plancha von allen vier Seiten bei geöffnetem Deckel maximal je 20 Sekunden kurz angrillen.
Die Fischstücke danach zur Seite stellen. Sie sollten in der Mitte noch roh und kalt sein!

4 ANRICHTEN

Avocado mittig auf einen Teller anrichten. Den Fisch in Würfel schneiden und darauf verteilen. Mit Erdnüssen und Koriander dekorieren. Etwas Ketjap Manis darüber träufeln. Die Wasabi-Creme in einem Schälchen dazu servieren.

CARSTENS TIPP

Dieses Rezept eignet sich perfekt als schnelle Vorspeise, wenn die Plancha auch für weitere Gerichte verwendet wird.

GRILLMETHODE Direkt bei 200 Grad · Garzeit: 20 Sekunden

Für 4 Personen
Zubereiten: 15 Minuten
Brett wässern: 1 Stunde
Direkt bei 180 und 250 Grad
Indirekt bei 180–200 Grad

GERÖSTETES SMÖRREBRÖD

MIT LACHS UND EINER FEINEN SENF-DILL-CREME

ZUTATEN

RÄUCHERLACHS

800 g	Lachsfilet (ohne Haut)
5 g	Salz
3 g	schwarzer Pfeffer
8 g	brauner Zucker

SMÖRREBRÖD

8	Scheiben rustikales Vollkornbrot
8 g	Olivenöl
1	unbehandelte Zitrone
1	kleine Bio-Salatgurke
1	rote Zwiebel

SENF-DILL-CREME

200 g	Schmand
20 g	Dijon-Senf
12 g	Honig
3	Stängel Dill
	Salz, Pfeffer

ZUBEHÖR

1	Räucherbrett Zeder (eine Stunde gewässert)

REZEPT Kai Menzenbach

1 SENF-DILL-CREME

Den Schmand mit Dijon-Senf und dem Honig zu einer glatten Masse vermengen und mit Salz und Pfeffer nach Geschmack würzen. Den Dill fein hacken und dem Schmand zugeben.

2 SMÖRREBRÖD

Das Brot in eineinhalb Zentimeter dicke Scheiben schneiden, mit Olivenöl bepinseln und bei direkter Hitze (180 Grad) von beiden Seiten kurz angrillen, bis es eine goldgelbe Bräunung angenommen hat.

Parallel die in Hälften geschnittene Zitrone bei direkter Hitze grillen, bis sie weich ist und braune Streifen hat. Anschließend die Brotscheiben zum Abkühlen aufstellen.
Die Salatgurke waschen, längs in der Mitte teilen, die Kerne entfernen und die Hälften quer in dünne Scheiben schneiden. Zwiebel in feine Halbmonde schneiden.

3 RÄUCHERLACHS

Den Grill für direktes Grillen auf 250 Grad vorheizen. Das gewässerte Brett zunächst auf der direkten hohen Hitze angrillen bis es anfängt zu knacken. Vom Grill nehmen, den gehäuteten, gewürzten Lachs mit der Hautseite nach unten auf das Brett legen. Das Brett mit dem Lachs über die direkte Hitze geben bis das Brett anfängt zu rauchen. Nun das Brett in die indirekte Zone des Grills schieben und die Temperatur auf 180 Grad reduzieren. Den Fisch bei einer Kerntemperatur von 54 Grad vom Grill nehmen.

4 ANRICHTEN

Das gegrillte Brot jetzt mit der Senf-Dill-Creme bestreichen, den gegrillten Lachs in kleine Stücke zupfen und auf den Broten verteilen. Gurkenscheiben, Zwiebelstreifen und Dillspitzen darauf legen. Die Brote zum Schluss mit etwas Salz und frisch gemahlenem Pfeffer würzen und einige Spritzer Zitronensaft auf das Brot träufeln.

GRILLMETHODE Direkt bei 180 Grad fürs Brot und 250 Grad fürs Räucherbrett · Indirekt bei 180–200 Grad
Garzeit: Etwa 20 Minuten · Kerntemperatur: 54 Grad

REISERS ROTBARBEN

MIT GEMÜSE-FÜLLUNG UND ZIMTKRACHERL

ZUTATEN

FISCH

4	Rotbarben (nicht ausgenommen!)
2	Karotten
2	Schalotten
1	Staudensellerie
100 ml	Scheurebe
2	Fenchel

ZIMTKRACHERL

30 g	Toastbrot
3 g	Zimt
30 g	Butter
10 g	Rapsöl
	Salz

REZEPT Bernhard Reiser

1 FISCH MIT FÜLLUNG

Die Rotbarben waschen, schuppen und trockentupfen. Dann beide Filets vom Rücken bis zum Bauchlappen der Gräte aufschneiden. Die Karkasse an Kopf und Schwanz lösen und mit den Innereien entfernen. Die hohl ausgelöste Rotbarbe erneut säubern.

2 Karotten, Schalotten und Staudensellerie waschen, schälen und in kleine Würfel schneiden. Anschließend in einer Pfanne anschwitzen und mit Scheurebe ablöschen und einkochen. Mit Salz und Pfeffer würzen. Die Rotbarben mit dem Gemüse füllen. Grill für indirektes Grillen bei 60 Grad mit der Plancha oder einem vorher für 30 Minuten gewässerten Zedernholzbrett vorbereiten. Den Fisch 25 Minuten oder bis zu einer Kerntemperatur von 55 Grad garen.

3 ZIMTKRACHERL

Für die Zimtkracherl die Rinde des Toastbrots entfernen und das Brot in kleine Würfel schneiden. Dann wahlweise auf dem Seitenkocher des Grills oder dem Herd in einer Pfanne mit Rapsöl anbraten. Kurz bevor die Brotwürfel knusprig gebraten sind, Butterflocken dazugeben und aufschäumen lassen. Dann die Würfel leicht salzen und den Zimt mit in die Pfanne geben. Pfanne schwenken, sodass die schaumige Butter und der Zimt gut verteilt werden können.

GRILLMETHODE Indirekt bei 60 Grad
Garzeit: Je nach Fischqualität und Temperatur 25 Minuten · Kerntemperatur: 55 Grad

BORN TO GRILL 163

DORADE
IM SALZTEIG

MIT KAFFIR-LIMETTE UND THYMIAN IM BAUCH

ZUTATEN

DORADE

4	Doraden à 500 g (küchenfertig)
1	Bio-Zitrone
12	Kaffir-Blätter, frisch oder TK (Asia-Laden)
	Thymian, Salz, Pfeffer
2,5 kg	grobes Meersalz
2	Eiklar
50 ml	Wasser
50 ml	Olivenöl
1	Zitrone
	Salz, Pfeffer

ZUBEHÖR

Auflaufform
Backpapier

REZEPT Carsten Dorhs

1 ZUBEREITUNG

Die Dorade kalt abspülen und trocken tupfen. In der Bauchhöhle mit Salz, Pfeffer und Zitrone würzen. Die Kaffirblätter und den Thymian in die Bauchhöhle legen.
Die Auflaufform mit Pergament oder Backpapier auslegen.

2 Das grobe Meersalz in einer großen Schüssel mit Eiklar und Wasser vermengen. Ein Viertel der Masse in die Auflaufform geben, die Doraden daraufsetzen und mit dem restlichen Salz bedecken. Die Doraden dürfen dabei etwas überlappen.

3 AM GRILL

Grill für indirektes Grillen bei 200 Grad vorbereiten. Die Auflaufform auf die indirekte Zone des Grills stellen und gut 35 Minuten grillen. Der Sicherheit halber mit Bratenthermometer arbeiten. Dieses schon direkt am Anfang mit in den Fisch stecken, da die Salzkruste später zu fest wird. Sobald der Salzmantel eine schöne gleichmäßige Färbung hat, ist der Fisch in der Regel auch fertig.
Salzkruste an der Seite rundherum anschlagen (Sollbruchstelle) und den Salzdeckel abnehmen.

4 ANRICHTEN

Den Fisch im Ganzen servieren. Die Haut abnehmen und die Filets herauslösen. Gerne mit etwas Olivenöl und Zitrone beträufeln und mit einer Prise Salz und Pfeffer würzen.

CARSTENS TIPP

Anstatt der Dorade eignen sich auch viele andere Fische für die Zubereitung im Salzteig, wie zum Beispiel Steinbutt, Wolfsbarsch oder Forelle. Wichtig ist nur, dass der Fisch im Ganzen verarbeitet wird.

GRILLMETHODE Indirekt bei 200 Grad
Garzeit: Je nach Fischqualität und Temperatur 35 Minuten · Kerntemperatur: 50 – 55 Grad

MAHI MAHI
FISCHTACOS

MIT PIKANTEM ROTKOHLSALAT

ZUTATEN

FISCH

900 g	Fischfilets (Mahi Mahi, Heilbutt oder Schwertfisch sind besonders gut)
4	Weizentortillas mit je 12 cm Durchmesser

ROTER KRAUTSALAT

200 g	Rotkohl, fein gehobelt
50 g	Zwiebel, gewürfelt
50 ml	Limettensaft, frisch gepresst
50 ml	Orangensaft, frisch gepresst
15 g	Zucker
10 g	grobes Meersalz
10 g	gemahlener Kreuzkümmel
15 g	Cayennepfeffer

AVOCADOCREME

20 g	frischer Knoblauch
1	große Avocado (ausgelöst)
120 g	Schmand
50 ml	frisch gepresster Limettensaft
10 g	grobes Meersalz
10 g	Chipotle-Chilipulver
10 g	Sriracha (mexikanische Chilisauce)

WÜRZMISCHUNG

100 ml	Olivenöl
30 g	grobes Meersalz
10 g	Knoblauchpulver
5 g	Paprika, edelsüß
5 g	gemahlener Kreuzkümmel
5 g	schwarzer Pfeffer, gemahlen

REZEPT Stephan Zwikirsch

1 KRAUTSALAT

Die Zutaten für den Krautsalat in einer mittelgroßen Schüssel vermengen. Zugedeckt mindestens eine Stunde, besser bis zu **sechs Stunden im Kühlschrank** durchziehen lassen.

2 AVOCADOCREME

Für die Avocadocreme den Knoblauch fein hacken. Die übrigen Zutaten zufügen und mixen, bis eine glatte Creme entstanden ist. Nun die Creme in eine kleine Schüssel geben und abgedeckt bis zu **sechs Stunden in den Kühlschrank** stellen.

3 AM GRILL

Etwa eine halbe Stunde vor Beginn des Grillens die Zutaten für die Würzmischung in einer mittelgroßen Schüssel vermengen. Fisch grob würfeln und darin wenden, bis sie rundherum gleichmäßig überzogen sind. Bei Raumtemperatur etwa 10 Minuten ruhen lassen.

4 Den Grill für direktes Grillen bei 200 bis 230 Grad vorbereiten. Fischwürfel mit etwas Abstand zueinander auf Spieße stecken. Die Spieße über direkter Hitze bei geschlossenem Deckel etwa acht bis zehn Minuten grillen. Dabei die Spieße mehrmals wenden. Am besten gelingt das, wenn Ihr die Spieße hinten am Warmhalterost einfach einhakt und dann sozusagen freischwebend grillt …

5 Die Tortillas über direkter Hitze von beiden Seiten etwa eine Minute kurz angrillen. Nun die Tortillas mit Rotkohlsalat und Avocadocreme belegen, zuletzt den Fisch dazugeben und sofort servieren.

STEPHANS TIPP

Die Goldmakrele (Mahi Mahi) wirklich in Stücken lassen und nicht kleinzupfen, wie es in vielen Rezepten heißt. So bleibt der Fisch saftig und klebt nicht einfach trocken am Taco

GEGRILLTE
BABY-ANANAS

MIT KABELJAU UND KOKOSNUSS

ZUTATEN

2	Baby-Ananas
400 g	Kabeljaufilet ohne Haut
5 g	Ingwer
2 g	Chilischote
10 g	Zitronengras
5 g	frischer Knoblauch
1	Frühlingszwiebel
2	Korianderzweige
2 cl	Batida de Côco
100 g	Kokosflocken
5 g	Salz

REZEPT Roberto Venturino

1 ZUBEREITUNG

Ananas halbieren, Strunk entfernen und das Innere mit einem Löffel herauskratzen. Den Kabeljau in walnussgroße Stücke schneiden. Ingwer, Chilischote, Zitronengras, Knoblauch und Ananasfleisch sehr klein schneiden. Frühlingszwiebel in feine Ringe schneiden. Koriander grob schneiden.

2

Alles zusammen in einer Schale vermengen und mit Salz abschmecken. Batida de Côco hinzugeben und nochmals vermengen. Jetzt die Kabeljau-Füllung in die Ananas geben und mit Kokosflocken oder dünn gehobelten Kokos-Chips bestreuen.

3 AM GRILL

Den Grill für indirektes Grillen bei 180 Grad vorbereiten.
Die Ananas auf die indirekte Zone des Grills legen und bei geschlossenem Deckel für 20 Minuten grillen.

ÜBERBACKENE
FORELLE

AUF FENCHEL GEDÜNSTET – ZUBEREITET IM DUTCH OVEN

ZUTATEN

2	Forellen à 400 g, küchenfertig
1	Zitrone
100 g	Petersilie
400 g	Fenchelknolle
80 g	Zwiebeln
425 g	Dose gehackte Tomaten
15 ml	Rapsöl
250 ml	trockener Weißwein
10 g	Dill
10 g	Schnittlauch
4 g	Thymian
100 g	geriebener Parmesankäse
10 g	Pankomehl oder Semmelbrösel
75 g	Butter
5 g	Salz
3 g	Pfeffer

REZEPT Silvia Bursche

 FORELLE

Eine halbe Zitrone in Scheiben schneiden. Die Forellen innen und außen kalt abspülen und trocken tupfen. Anschließend salzen, pfeffern und mit der restlichen Zitrone beträufeln und zehn Minuten ruhen lassen. Dann die Petersilie mit den Zitronenscheiben in die Forelle legen.

 GEMÜSE

Den Fenchel putzen und in dünne Scheiben schneiden, die Zwiebel würfeln und die Tomaten aus der Dose abgießen.

 AM GRILL

Den Grill auf 200 Grad bei direkter Hitze mit dem Dutch Oven vorheizen. Fenchel und Zwiebeln in Rapsöl etwa fünf Minuten im Dutch Oven andünsten. Anschließend auf indirekte Hitze wechseln. Tomaten, Weißwein und Kräuter vermengen, mit Salz und Pfeffer würzen und die Mischung zum Fenchel hinzufügen.

Nun werden die Forellen auf das Gemüse gelegt. Das Gemüse, das nicht bedeckt ist, mit Käse bestreuen. Das Pankomehl und den Parmesan auf die Forellen geben und darauf die Butterflocken geben.

Den Deckel vom Grill schließen, alles etwa 25 Minuten bei 200 Grad indirekter Hitze überbacken.

SILVIAS TIPP

Zum Testen, ob die Forellen gar sind, zieht Ihr an der Rückenflosse. Lässt sie sich leicht lösen, ist die Forelle fertig. Besser ist, Ihr verwendet einen Kerntemperaturfühler. Bei 62 Grad sind die Forellen perfekt.

BORN TO GRILL   171

FORELLE VOM FÖRSTER

MIT PFIFFERLINGEN UND BBQ-BEURRE BLANC

ZUTATEN

FORELLEN UND FÜLLUNG

4	Forellen à 300–400 g
150 g	Hähnchenfleisch
100 g	Sahne
1	Eiweiß
20 g	frische Küchenkräuter
	Salz, Pfeffer
200 g	Pfifferlinge
20 g	Röstzwiebeln

BBQ-BEURRE BLANC

80 g	Schalotten, geschält
2 g	Thymian, gerebelt
1	Lorbeerblatt
200 ml	Weißwein
25 ml	Aceto Balsamico Bianco
200 ml	Gemüsefond
140 g	Butter, klein gewürfelt
40 g	Jalapeños, eingelegt
40 g	grober Dijon-Senf
	Salz, Cayennepfeffer
	Kerbelzweige

ZUBEHÖR

ein großes Räucherbrett

REZEPT Gerhard Volk

1 BBQ-BEURRE BLANC

Schalotten klein schneiden und mit Thymian, Lorbeer, Weißwein, Essig in einer Saucenpfanne auf dem Seitenkocher des Grills oder Herd sirupartig einkochen. Mit dem Gemüsefond auffüllen, auf die Hälfte reduzieren lassen, die Lorbeerblätter entfernen. Nun die Hitze reduzieren und die kalten Butterwürfel mit dem Mixer oder Schneebesen einmontieren. Jalapeños fein schneiden, mit dem Senf unterrühren und mit Salz und Cayenne würzen.

2 FORELLEN UND FÜLLUNG

Räucherbretter eine Stunde wässern. Hähnchenfleisch kräftig mit Salz und Pfeffer würzen, im Mixer zu einer Farce zerkleinern und für 30 Minuten in den Tiefkühler stellen.

In dieser Zeit die Pfifferlinge vorbereiten und die restlichen Zutaten für die Farce herrichten. Hähnchenfleisch, Eiweiß und Küchenkräuter nun im Zerkleinerer fein mixen und dabei langsam die möglichst kalte Sahne unterarbeiten. Pfifferlinge und Röstzwiebeln beifügen, kurz unterarbeiten und alles kalt stellen.

3

Forellen außen und innen kalt abspülen und trocken tupfen, Rückenflosse mit einer Schere abschneiden. Dann die Forellen oben einschneiden und an der Gräte entlangfahren. Gräten vorsichtig lösen und mit einer Schere komplett herausschneiden. Forelle mit Küchengarn zu einem Halbmond binden und innen und außen mit Salz und Pfeffer würzen. Forellen mit den Bauchlappen nach unten auf die Räucherbretter stellen und mit der Farce füllen.

4 AM GRILL

Grill auf 140 bis 160 Grad indirekte Hitze vorheizen. Bretter mit den Forellen auf die indirekte Zone des Grills stellen und bei geschlossenem Deckel für 15 bis 20 Minuten grillen, bis die Forellen in der Farce eine Kerntemperatur von 58 bis 62 Grad erreicht haben.

GERHARDS TIPP

Die Bretter eine Zeit lang direkt grillen, bis Rauch entsteht. Das Rezept ist ideal, um gebrauchte Bretter endgültig zu verarbeiten …

GRILLMETHODE Indirekt bei 140–160 Grad
Garzeit: Je nach Fischqualität und Temperatur 15–20 Minuten · Kerntemperatur: 58–62 Grad

SMOKEY ROLL MOB

VON DER BACHFORELLE

ZUTATEN

FISCH-RÖLLCHEN

4	Filets von der Bachforelle (als Hauptgang 8 Filets)
60 ml	BBQ-Sauce
1	Saft einer Bio-Zitrone
40 ml	naturtrüber Apfelsaft
4	Essiggurken
1	Gemüsezwiebel, geschält
30 ml	Essiggurkenwasser
1 Prise	Salz
1 Prise	Zitronenpfeffer
	etwas Öl oder Antihaftspray

SERVIETTENKNÖDEL

nach Marcels Rezept auf Seite 122

ZUBEHÖR

Holzchips Fisch-Blend
Küchengarn

REZEPT Marcel Ksoll

 1 VORBEREITUNG

Die Räucherchips wässern (mindestens zwei Stunden) und die Forellenfilets putzen und entgräten.

 2 ZUBEREITUNG

In einer kleinen Pfanne auf dem Seitenkocher die BBQ-Sauce, den Zitronensaft, den Apfelsaft und das Essiggurkenwasser zu einem Mop einkochen. Mit etwas Salz und Zitronenpfeffer würzen und in einem Glas abkühlen lassen.

 3 Die Zwiebel und die Essiggurken in Stifte schneiden und in die Mitte der Filets legen. Die Filets rollen und mit dem Küchengarn binden.

 4 AM GRILL

Die abgetropften Räucherchips auf der Glut verteilen, eine Weber-Grillpfanne mit Öffnung einfetten. Die Forellen-Röllchen in der Grillpfanne bei 110 Grad auf die indirekte Zone des Grills stellen. Den Deckel schließen und mit dem zu einem Viertel geöffneten Deckellüfter für mindestens 15 Minuten räuchern.

SAIBLING IM
WALDBETT

MIT FICHTENNADEL-SABAYON

ZUTATEN

SAIBLING

700 g	Saiblingsfilet mit Haut
2	Zitronenscheiben
1	Knoblauchzehe
4	Fichtenzweige (10–15 cm lang)
80 g	Butter
	Salz, Pfeffer

FICHTENNADEL-SABAYON

50 g	Schalotten gewürfelt
20 g	Butter
15 g	Knoblauch
25 g	Zucker
10	Fichtenzweige
500 ml	Wasser
150 ml	trockener Weißwein
10	Eigelb
3	Eier
30 g	Fichtennadelspitzen
	Salz, Pfeffer

ZUBEHÖR

Pergamentpapier

REZEPT Bärbl Hasenöhrl

 1 SAIBLING

Die Filets in vier gleich große Stücke schneiden. Je ein Fichtenzweig aufs Pergamentpapier geben und ein Stück Fisch mit der Haut nach unten darauflegen. Salzen und pfeffern. 20 Gramm Butter auf das Filetstück setzen. Von den Zitronenscheiben die Schale abschneiden (auch den weißen Anteil!), halbieren und eine Hälfte zusammen mit einer Scheibe Knoblauch auf die Filets legen. Das Pergamentpapier so einschlagen, dass alles gut verpackt ist und keine Flüssigkeit austreten kann.

 2 FICHTENNADEL-SABAYON

Fichtennadelsud aus zehn Fichtenzweige und 500 Milliliter Wasser herstellen. Dazu die Zweige einfach in das Wasser geben und für 20 Minuten kochen.

 3

Schalotten würfeln und mit Butter glasig andünsten. Mit 150 Milliliter Fichtennadelsud und dem Riesling angießen, Zucker und Knoblauch zugeben und aufkochen. Eier und Eigelb in einer separaten Schüssel etwas aufschlagen und einen Temperaturausgleich herstellen. Hierzu werden 40 Milliliter von dem heißen Sud langsam in die Eimasse geschlagen. Restlichen Sud etwas abkühlen lassen und mit der nun etwas wärmeren Eimasse cremig aufschlagen. Die fein gehackten Fichtennadelspitzen zugeben und mit Salz und Pfeffer abschmecken. Zehn Minuten ruhen lassen, damit sich die ätherischen Öle der Fichte entfalten können.

 4 AM GRILL

Grill für indirektes Grillen bei 150 bis 160 Grad vorbereiten. Die Pergament-Päckchen auf die indirekte Zone des Grills legen und für 15 bis 20 Minuten bei geschlossenem Deckel auf eine Kerntemperatur von 62 bis 68 Grad grillen.

BÄRBLS TIPP

Nehmt ein Hitzeschild, damit das Pergament nicht verbrennt!

GEPIERCTER HAVELRÄUBER

AUF EINEM KNACKIG-FRISCHEN GURKENBETT

ZUTATEN

FISCH

600 g	Zanderfilet, küchenfertig mit Haut
1	Zimtstange
1	Zitrone
15 g	neutrales Öl zum Braten
40 g	Butter
6–10	Dillzweige

GURKENSALAT

8 g	Meerrettich, frisch
50 g	Frischkäse
11 g	Olivenöl
6 g	Weißweinessig
	Salz und Pfeffer
300 g	Mini-Salatgurken
180 g	Apfel (Granny Smith oder eine andere säuerliche Sorte)

REZEPT Silvia Bursche

 GURKENSALAT

Meerrettich schälen und fein in den Frischkäse hobeln, Olivenöl, Weißweinessig, Salz und Pfeffer hinzugeben und abschmecken. Die Salatgurken waschen und mit dem Sparschäler dünne Scheiben herunterhobeln. Den Apfel waschen, vom Kerngehäuse befreien, vierteln, in dünne Stifte schneiden, in einer Schüssel mit den Gurken vermengen, abdecken und kalt stellen.

 FISCH

Die Zimtstange längs in streichholzgroße Stücke spalten. Zanderfilet portionieren und jeweils mit zwei Zimtsplittern auf der Hautseite horizontal spicken.

 Frischkäsedressing mit dem Salat vermischen, mit Zitronensaft, Salz und Pfeffer abschmecken.

 AM GRILL

Grill mit Pfanne auf 180 Grad vorheizen. Den Zander mit Pfeffer und Salz würzen. In der Grillpfanne in etwas Öl und der Butter auf der Hautseite drei Minuten braten, dann auf der anderen Seite bis zum gewünschten Garpunkt ziehen lassen. Dann den Fisch auf dem Salat anrichten und mit dem grob gehackten Dill garnieren.

PRALINEN VOM ZANDERFILET

AUF SOMMERLICHEM GEMÜSEBETT

ZUTATEN

ZANDERFILET

4	Zanderfilets à 200 g

GEMÜSEBETT

200 g	Champignons
1	rote Paprika
2	Zucchini
1	Zwiebel rot
250 g	Cherrytomaten
2	Zehen Knoblauch
50 ml	Olivenöl
	Salz, Pfeffer
1	Zitrone
4	Zweige Rosmarin
4	Zweige Thymian

ZUBEHÖR

4	Bögen Backpapier
	Küchengarn

REZEPT Marco Stolze

1 GEMÜSEBETT

Champignons mit einem Küchenpapier säubern, halbieren und in Scheiben schneiden. Paprika und Zucchini in mundgerechte Stücke schneiden. Die Zwiebeln schälen und achteln und die Cherrytomaten halbieren. Den Knoblauch schälen und fein würfeln. Das ganze Gemüse in eine Schüssel geben, mit dem Olivenöl vermischen und mit Salz und Pfeffer abschmecken. Fünf Minuten durchziehen lassen. Die Zitrone vierteln.

2 Zanderfilet auf beiden Seiten salzen und pfeffern. Die Backpapierbögen ausbreiten und das Gemüse darauf verteilen. Rosmarin und Thymian auf das Gemüse gleichmäßig aufteilen. Den Zander halbieren und auf das Gemüse legen. Das Backpapier nun auf beiden Seiten wie ein Bonbon mit Küchengarn verknoten.

3 AM GRILL

Grill auf 160 Grad indirekt vorbereiten. Für 30 bis 35 Minuten die Zander-Bonbons indirekt auf den Grill geben.

4 Beim Servieren die Bonbons auf Teller geben, in der Mitte aufschneiden und mit den Zitronenscheiben garnieren.

GRILLMETHODE Indirekt bei 160 Grad
Garzeit: Je nach Fischqualität und Temperatur 30–35 Minuten

BUTTER BEI DIE FISCHE!

GRILLMEISTER-TIPP:

Bei der Zubereitung sollte die Butter nicht mehr ganz hart sein. Am besten man legt sie daher etwas früher raus. Die fertigen Butter-Mischungen schmecken frisch besonders herrlich, man kann sie aber auch schon einige Tage vorher zubereiten. Die Buttermischung dann auf Klarsichtfolie geben, zu einer Rolle formen oder mit einem Spritzsack zu Rosetten dressieren und einfrieren!

ALLE REZEPTE Gerhard Volk

RÖST-ZWIEBEL

250 g Butter | **2 g** Thymian, gerebelt
60 g Röstzwiebeln | 15 g Aceto Balsamico Bianco
Salz | Pfeffer | Cayennepfeffer

Butter auf Raumtemperatur bringen und mit einem Schneebesen oder Küchenmaschine schaumig-weiß schlagen. Alle Zutaten beifügen gründlich unterheben und nach Geschmack mit Salz, Pfeffer und Cayenne würzen.
Gerhards Tipp: *Sehr einfache und schnelle Zubereitung und echt geiler Geschmack!*

THAI

250 g Butter | **5 g** Chili | **80 g süße Chilisauce**
20 g Thai-Koriander | Fischsauce

Butter auf Raumtemperatur bringen. Koriander waschen, trocken tupfen und fein schneiden. Butter schaumig-weiß aufschlagen. Alle Zutaten beifügen und mit Thai-Fischsauce und Limettensaft würzen.

Gerhards Tipp: *Die Thai-Butter passt zu Fleisch, Geflügel und Fisch.*

KRÄUTER

250 g Butter | **25 g** frische Küchenkräuter
40 g Schalotten | **15 g** Knoblauch | **10 ml** Zitronen-
saft | Salz | Pfeffer | Cayennepfeffer

Butter aus der Kühlung nehmen. Kräuter waschen, trocknen und fein schneiden. Schalotten
und Knoblauch in sehr feine Würfel schneiden.
Butter schaumig-weiß schlagen.Alle Zutaten
beifügen, gründlich mischen und nach Geschmack mit Salz, Pfeffer und Cayenne würzen.

Gerhards Tipp: *Schalotten und Knoblauch können auch in etwas Butter goldgelb angebraten
und abgekühlt beigemischt werden.*

CURRY

250 g Butter | **80 g** Bananen | **20 ml** Zitronensaft
20 g Curry | Salz | Pfeffer | Zucker

Butter auf Raumtemperatur bringen, dann aufschlagen. Bananen und restliche Zutaten beifügen und so lange weiterrühren, bis alles glatt
ist. Mit Salz, Pfeffer und Zucker abschmecken.

BBQ

250 g Butter | **30 g** Jalapeños, Konserve | **40 ml** Whisky Bourbon
120 g BBQ-Grillsauce wie etwa Webers Bourbon Smoked | Salz | Pfeffer

Butter auf Raumtemperatur bringen. Jalapeños abtropfen lassen und fein schneiden.
Butter schaumig-weiß aufschlagen. Alle Zutaten beifügen, verrühren und mit Salz und
Pfeffer abschmecken.

Gerhards Tipp: *Schmeckt perfekt zu gegrillten Steaks.*

DEINE PERFEKTE MAYONNAISE

GAR NICHT SO SCHWIERIG, EINE PERFEKTE MAYO ... WENN MAN SICH AN EIN PAAR REGELN HÄLT

ALLE REZEPTE Gerhard Volk

KLASSIKER

40 g Eigelb | **10 g** Zitronensaft | **10 g** Dijon-Senf
350 g Rapsöl | Salz | Pfeffer

Eigelb und Öl sollten Zimmertemperatur haben. Zuerst Eigelb, Zitronensaft, Senf, Salz und Pfeffer schaumig verrühren. Dann das Öl in einem dünnen Faden unter Rühren mit dem Schneebesen unter die Masse rühren. Nach Geschmack mit Salz und Pfeffer nachwürzen.

Gerhards Tipp: *Kein Rapsöl? Sonnenblumenöl geht auch immer ...*

AUS DEM WHIP

5 Eier, Größe L | **25 g** Dijon-Senf | **150 g** Sonnenblumenöl
150 g Olivenöl | **40 g** Balsamico Bianco | Salz, Pfeffer | Zucker

Eier und Senf mit einem Schneebesen zusammenrühren. Das Öl erst tropfenweise in die Eiermasse einrühren, dann nach und nach zugeben, bis das Öl aufgebraucht ist. Dabei darauf achten, dass das Öl und die Eimasse Zimmertemperatur haben. Die Masse mit Gewürzen, Essig und Zitronensaft abschmecken, in einen ISI Gourmet Whip füllen und eine Sahnekapsel aufschrauben. Den Gourmet Whip für 15 Minuten in ein Wasserbad mit 65 Grad stellen und ruhen lassen Diese Mayonnaise schmeckt hervorragend zu Spargel oder Gemüsegerichten.

DIE SCHNELLE

1 Ei, Größe M | **20 ml** Zitronensaft | **15 g** Dijon-Senf
300 g Rapsöl | Salz | Pfeffer

Alle Zutaten außer dem Öl in einen schmalen Mixbecher geben. Aufmixen und dann nach und nach das Öl beigeben. Fertig.

Gerhards Tipp: *Je mehr Öl Ihr verwendet, desto fester wird die Mayonnaise!*

AQUAFABA

60 g Aquafaba (Kichererbsen- oder Bohnen-Flüssigkeit)
60 ml Zitronensaft | **15 g** Dijon-Senf | **300 g** Rapsöl

Alle Zutaten außer dem Öl in einen schmalen Mixbecher geben, aufmixen und dann nach und nach das Öl beigeben.

OHNE EI & VEGAN

60 ml Sojamilch | **20 ml** Zitronensaft
15 g Dijon-Senf | **300 g** Rapsöl

Alle Zutaten außer dem Öl in einen schmalen Mixbecher geben, aufmixen und dann nach und nach langsam das Öl beigeben. Mit Salz und Pfeffer abschmecken.

GRILLMEISTER-TIPP:
Ganz klassisch besteht eine Mayonnaise aus folgenden sechs Zutaten: Eigelb, Senf, Säure, Öl, Salz und Pfeffer. Bei der Zubereitung ist darauf zu achten, dass alle Zutaten etwa die gleiche Temperatur aufweisen.

GEFÜLLTE TOMATEN

IM GEMÜSEKORB SANFT GEGART

ZUTATEN

4	große Tomaten
300 g	Frischkäse
150 g	Cheddar, gerieben
60 g	frische grüne Kräuter (z.B. Petersilie, Kerbel, Basilikum, Sauerampfer, Schnittlauch),
5 g	Pfeffer, grob gemahlen etwas Salz

ZUBEHÖR

1	Gemüsekorb

REZEPT Marco Korte

1 ZUBEREITUNG

Von den Tomaten den Deckel abschneiden und die Tomaten vorsichtig aushöhlen. Das Fruchtfleisch wird für die Füllung nicht benötigt. Alle Zutaten miteinander vermengen und mit dem Salz und dem grobem Pfeffer abschmecken. Die Tomaten mit der Mischung füllen. Deckel wieder aufsetzen.

2 AM GRILL

Den Grill für indirektes Grillen bei 150 bis 180 Grad vorbereiten und die gefüllten Tomaten in einem Gemüsekorb oder einer feuerfesten Auflaufform (dann mit etwas Olivenöl) für etwa zehn bis zwölf Minuten indirekt bei geschlossenem Deckel garen.

3 Beim Servieren nach Geschmack noch mit etwas frischen Kräutern garnieren.

MARCOS TIPP

Das Fruchtfleisch kann für leckere Suppen verwendet werden, wie zum Beispiel ein Gazpacho. Es kann auch für ein großartiges Tomatenchutney die Grundlage bilden.

CHAMPIGNONS A LA ANDALUZA

GEFÜLLT MIT MANCHEGO UND SERRANOSCHINKEN

ZUTATEN

600 g	Champignons (am besten schöne, große Exemplare)
60 g	Zwiebeln
10 g	Knoblauch
5	Scheiben Serrano-Schinken (z.B. Jamón de Trévelez)
10 ml	Olivenöl
15 g	Pimentón de la Vera (Rauchpaprika)
100 g	Crème fraîche
30 ml	Sahne
100 g	Manchego-Käse, gerieben Salz, Pfeffer
20 g	Pankomehl
50 g	Butterschmalz

ZUBEHÖR

Grillplatte oder feuerfeste Form je nach Grill ggf. ein Hitzeschild

REZEPT Marcel Lange

 ZUBEREITUNG

Champignons säubern und Stiele entfernen. Für die Füllung die Zwiebel und Knoblauchzehen schälen und fein würfeln. Die Champignon-Stiele vorsichtig herausbrechen und mit dem Serrano-Schinken fein würfeln oder hacken.

 Die Zutaten für die Füllung auf dem Seitenbrenner vom Grill oder halt auf dem Herd in der Pfanne in etwas Olivenöl anbraten, sodass sie ein bisschen Farbe annehmen. Pimentón de la Vera hinzugeben und kurz mitrösten.

 Crème fraîche und Sahne dazugeben, mit Pfeffer und Salz abschmecken. Die Hälfte des Manchego-Käses mit unter die Masse rühren. Champignons mit der Masse füllen. Den restlichen Käse mit Pankomehl mischen und auf die Füllung geben.

 AM GRILL

Den Grill für indirektes Grillen bei 160 bis 180 Grad vorbereiten. Eine Grillplatte oder feuerfeste Form mit Butterschmalz einfetten, die Champignons entsprechend positionieren und im indirekten Bereich des Grills (je nach Grill auch mit Hitzeschild darunter) bei geschlossenem Deckel für etwa 25 Minuten garen.

Für 4 Personen
Zubereiten: 15 Minuten
Marinieren: 30 Minuten
Grillen: 5 Minuten
Direkt bei 240 Grad
Indirekt bei 180 Grad

ST. MAURE-ZIEGENKÄSE
IM ZUCCHINIMANTEL

MIT KONFIERTEN TOMATEN UND TRÜFFELHONIG

ZUTATEN

KÄSERÖLLCHEN

300 g	Ziegenkäserolle St. Maure
1	Zucchini
1	Knoblauchzehe
1	Zweig Rosmarin
1	Zweig Thymian
75 g	Trüffelhonig
30 ml	Olivenöl
	Salz, Pfeffer

CHERRYTOMATEN

150 g	Cherrytomaten
20 ml	Olivenöl
1	Knoblauchzehe
	Salz, Pfeffer
5 g	Zucker
1	Zweig Thymian

PESTO

75 g	Rucola
30 g	Olivenöl
½	Knoblauchzehe
20 g	Parmesan
8 g	Pinienkerne, geröstet
	Salz, Pfeffer

REZEPT Patrick Speck

 1 KÄSERÖLLCHEN

Ziegenkäserolle in vier gleich große, runde Stücke mit je etwa 75 Gramm schneiden. Die Zucchini in zwei Millimeter dünne lange Scheiben aufschneiden – mit einen Kartoffelschäler geht das ganz gut ...

 2 TOMATEN

Alle Zutaten für die Cherrytomaten vermengen und die Tomaten darin mindestens eine halbe Stunde marinieren.

 3 AM GRILL

Den Grill für direktes Grillen bei 240 Grad vorbereiten. Die Zucchinischeiben auf der direkten Zone kurz angrillen. Die gegrillten Zucchinischeiben in Olivenöl, Rosmarin, Thymian und Knoblauch einlegen. Danach mit Salz und Pfeffer abschmecken und abkühlen lassen. Die abgekühlten Zucchinischeiben um die Käsestücke wickeln.

 4 Jetzt den Grill für indirektes Grillen mit der Plancha bei 180 Grad vorbereiten. Die Zucchinitaler und die marinierten Cherry Tomaten für etwa drei bis vier Minuten bei geschlossenem Deckel auf der Plancha grillen. Zum Schluss die Taler mit Trüffelhonig marinieren.

5 PESTO

Rucola waschen. Alle Zutaten in einem Mixer pürieren. Anschließend mit Salz und Pfeffer abschmecken und zum gegrillten Ziegenkäse servieren.

GRILLMETHODE Direkt bei 240 Grad · Auf der Plancha bei 180 Grad · Garzeit: ca. 2 und 4 Minuten

Für 4 Personen
Zubereiten: 20 Minuten
Anfrieren: 1–2 Stunden
Grillen Käse: 10 Minuten
Grillen Pancakes: 4–6 Minuten
auf der Plancha bei 160–180 Grad

ZIEGENKÄSE IM SERRANO-MANTEL

MIT FLUFFIGEN SAFRAN-PANCAKES

ZUTATEN

ZIEGENKÄSE

1	Ei, Größe L
20 g	Mehl, Type 405
1	Birne (Conference)
300 g	Spanischer Ziegenkäse (Rolle), mindestens 45% Fett
12	Scheiben Serrano-Schinken
24 g	Honig
70 g	Pankomehl
50 g	Butterschmalz

PANCAKE

3	Eier, Größe L
300 ml	Milch
25 ml	Olivenöl
160 g	Mehl, Type 405
8 g	Backpulver
0,1 g	Safran, gemahlen
7 g	Salz
60 g	Butterschmalz

GUACAMOLE
nach Marcels Rezept auf Seite 67

REZEPT Marcel Lange

1 **ZIEGENKÄSE**

Je nach Konsistenz den Ziegenkäse ein bis zwei Stunden anfrieren, um ihn besser verarbeiten zu können. Den Grill für direktes Grillen mit Grillplatte bei 160 bis 180 Grad vorbereiten.

2 Ei und Mehl zu einem cremigen Teig verrühren. Die Birne waschen und in zwölf etwa zwei Millimeter dicke Scheiben schneiden. Gegebenenfalls die Birnenscheiben dem Durchmesser des Ziegenkäses anpassen. Den Käse in zwölf gleichgroße Rollen teilen.

3 Den Schinken Scheibe für Scheibe der Länge nach halbieren und im Anschluss überkreuz legen. Auf dem sich kreuzenden Schinken die Birne, den Käse und jeweils etwa zwei Gramm Honig positionieren. Nun den Schinken um die Birnen-Käse-Honig-Türmchen wickeln. Beim Einschlagen darauf achten, dass der Käse gut verpackt und nicht mehr sichtbar ist. Die Schinkenpäckchen nun zuerst in der Ei-Mehl-Mischung wenden, dann in den Pankobröseln panieren.

4 Etwas Butterschmalz auf die Plancha geben und die Päckchen bei geschlossenem Deckel von allen Seiten goldbraun backen.

5 **SAFRAN-PANCAKE**

Den Grill direkt mit Grillplatte auf 160 bis 180 Grad vorbereiten. Die Eier trennen und das Eiweiß steif aufschlagen. Eigelb mit Milch und Öl vermengen. Mehl, Backpulver, Safran und Salz hinzugeben und zu einem glatten Teig vermengen. Das Eiweiß unterheben und den Teig 15 Minuten ruhen lassen.

6 Das Butterschmalz auf der Grillplatte schmelzen. Den Teig mit einer kleinen Kelle auf die Platte geben. Den Deckel schließen und nach etwa zwei Minuten wenden. Erneut zwei Minuten bei geschlossenem Deckel backen, bis die Pancakes goldbraun sind. Dazu schmeckt Marcels Guacamole von Seite 67.

GRILLMETHODE Direkt auf der Plancha bei 160–180 Grad
Garzeit: 15–20 Minuten · Kerntemperatur: 45–55 Grad

AUBERGINE AL FORNO

MIT BURRATA, KIRSCHTOMATEN UND PINIENKERNEN

ZUTATEN

4	Auberginen
250 g	Burrata
20 g	Knoblauch
12	Kirschtomaten
150 g	Basilikum
10 g	Thymian
80 g	geröstete Pinienkerne
	Salz
	Pfeffer
	Olivenöl

REZEPT Bernhard Reiser

1 ZUBEREITUNG

Auberginen halbieren und kreuzweise einschneiden. Danach salzen und mit Olivenöl einstreichen. Knoblauch zerstoßen, Tomaten würfeln und die Burrata zupfen.

2 AM GRILL

Den Grill für direkte Hitze auf 160 Grad vorheizen. Darauf die Aubergine mit der Schnittstelle direkt angrillen und wenden. Jetzt mit Knoblauch und Thymian belegen. Alles bei geschlossenem Deckel eine halbe Stunde garen, bis das Fruchtfleisch weich ist. Jetzt das Auberginen-Mark so auskratzen, dass die Hülle der Auberginen nicht verletzt wird. Das Mark zerstampfen und mit Burrata, Tomaten, Pinienkernen und Basilikum vermengen. Abschmecken mit Salz, Pfeffer, Thymian und eventuell nochmals mit Knoblauch.

3 Die Masse in die Auberginen geben und nochmals auf dem noch 160 Grad heißen Grill in der indirekten Zone erwärmen, so dass die Burrata zerläuft. Lauwarm servieren.

BERNHARDS TIPP

Unbedingt mit geröstetem Weißbrot servieren. Das Gericht eignet sich auch gut als kleine Beilage.

GRILLMETHODE Direkt bei 160 Grad oder mit Searing · indirekt bei 160 Grad ·
Garzeit: Je nach Fleischqualität und Temperatur 30 Minuten

BORN TO GRILL 195

Für 4 Personen
Zubereiten: 35 Minuten
Grillen: 20–30 Minuten
Direkt bei 200–220 Grad

GERÖSTETE AUBERGINE

AN HUMMUS UND TAGGIASCA-OLIVEN-GREMOLATA

ZUTATEN

AUBERGINE

4	Auberginen
10 ml	Olivenöl
2 g	Salz

HUMMUS

300 g	Kichererbsen in Lake
60 g	Tahin
2 g	Knoblauch
1 g	Cumin
6 g	Salz
100 g	Joghurt
20 g	Wasser
80 g	Olivenöl

TAGGIASCA-OLIVEN-GREMOLATA

200 g	Taggiasca-Oliven
5 g	Petersilie
25 g	Pinienkerne, geröstet
50 g	getrocknete Tomaten
50 ml	Olivenöl

REZEPT Stefan Schneider

 1 AUBERGINE

Grill für direktes Grillen bei 200 bis 220 Grad vorbereiten.
Die Aubergine im Ganzen mit einer Gabel fünfmal rings herum einstechen und mit Olivenöl und Salz würzen. Danach die Aubergine direkt über der Glut rund 20 bis 30 Minuten rösten. Nach der Garzeit die Aubergine vom Grill nehmen, kurz abkühlen lassen und direkt pellen.

 2 HUMMUS

Die Kichererbsen abtropfen lassen, abwaschen und vier Esslöffel Kichererbsen beiseitelegen. Die restlichen Kichererbsen mit Tahin, Knoblauch, Cumin, Salz, Joghurt und Wasser fein mixen. Sobald der Hummus fein ist, das Olivenöl einmontieren.

 3 GREMOLATA

Alle Zutaten klein schneiden, vermengen und mit Salz und Pfeffer abschmecken.

Den Hummus auf einem Tellerboden flach verteilen. Die beiseite gelegten Kichererbsen als Garnitur beilegen. Die warme Aubergine auflegen und leicht mit Salz würzen. Die Gremolata großzügig verteilen.

STEFANS TIPP
Dazu passt sehr gut Naan-Brot.

MEDITERRANES GRILLGEMÜSE

DIE PERFEKTE BEILAGE ZUM LAMMKOTELETT

ZUTATEN

2	rote Zwiebel
1	rote Paprika
1	gelbe Paprika
1	Aubergine (ca. 200 g)
1	Zucchini (ca. 200 g)
6 g	frischer Knoblauch
120 g	Kirschtomaten
50 ml	Olivenöl
50 g	entkernte Oliven (grün oder schwarz)
4 g	getrocknete Lavendelblüten
1	Zweig frischer Thymian
1	Zweig frischer Rosmarin
4 g	getrocknetes Oregano Salz, Pfeffer

REZEPT Christian Rohde

ZUBEREITUNG

Alle Gemüsesorten ordentlich waschen und abtupfen. Die rote Zwiebel schälen und achteln. Bei der Paprika den Strunk und das Kerngehäuse entfernen. Danach zusammen mit der Zucchini und der Aubergine in mundgerechte Stücke schneiden. Frischen Thymian und Rosmarin gut waschen, vom Stiel trennen und fein hacken, auch den Knoblauch schälen und fein hacken.

AM GRILL

Nun den Grill bei geschlossenem Deckel auf 200 Grad vorheizen, eine Grillplatte (Plancha) auf die direkte Zone stellen und etwas Öl darauf verteilen. Jetzt der Reihe nach das Gemüse hinzugeben: Man beginnt mit der Paprika und gibt ihr beim Anbraten eine schöne Farbe (Röstaromen schaffen!). Weiter geht es mit den Zwiebeln und dem Knoblauch. Diese wieder mit etwas Olivenöl beträufeln und alles gut wenden. Bei jedem Hinzufügen den Deckel des Grills schließen und warten, bis der Grill wieder eine Temperatur von 200 Grad erreicht hat. Diese Schritte mit der Aubergine und dann der Zucchini wiederholen. Das Gemüse fünf bis sechs Minuten pro Runde gleichmäßig anbraten, bis es schön angeröstet ist.

Danach die Hitze des Grills etwas herunterregulieren (130 Grad) und Kirschtomaten, die Oliven und auch die gehackten Kräuter, getrocknetes Oregano und die Lavendelblüten hinzufügen. Deckel des Grills wieder schließen. Das Gemüse noch zwei Minuten bei kleiner Hitze ziehen lassen. Zum Abschluss noch ein kleiner Spritzer vom Olivenöl drüber und fertig ist das mediterrane Grillgemüse.

CHRISTIANS TIPP:

Ein guter Spritzer Zitronensaft verleiht dem Gericht noch eine schöne Säure, ist aber nicht jedermanns Geschmack. Wer mag, kann am Ende noch etwas gewürfelten Feta dazu geben.

GRILLMETHODE Direkt bei 200 Grad, später auf 120–140 Grad herunterregulieren · Garzeit: 25 Minuten

Das Rezept funktioniert auch mit anderem Gemüse, wie Champignons, grüne Stangenbohnen, Fenchel, Spargel, Artischockenherzen oder Möhren

SAFRANREIS
MIT DATTELN

MIT BLANCHIERTEN MANDELN UND GETROCKNETEN TOMATEN

ZUTATEN

80 g	Zwiebel, geschält
4 g	Knoblauch, geschält
50 ml	natives Olivenöl
250 g	Langkornreis
1 Liter	Gemüsebrühe
10	entkernte Datteln
75 g	getrocknete Tomaten
1 g	Safranfäden
50 g	blanchierte ganze Mandeln
30 g	Kapern
1	Granatapfel
50 g	frischer Koriander
	Salz, Pfeffer

REZEPT Mirko Schweiger

1 ZUBEREITUNG

Zwiebel und Knoblauch in kleine Würfel schneiden. Grill für direktes Grillen mit der GBS-Pfanne bei 160 Grad vorbereiten. Zwiebel- und Knoblauchwürfel in zehn Milliliter Olivenöl anschwitzen, bis die Zwiebeln glasig sind. Den Reis und die Brühe hinzugeben. Wenn die Gemüsebrühe kocht, den Grill von direkter auf indirekte Hitze umstellen.

2

Die Datteln und getrockneten Tomaten in zwei Zentimeter dicke Streifen schneiden, mit den Safranfäden, den Mandeln und den Kapern zum Reis dazugeben und verrühren.

Das Gericht ist fertig, wenn der Reis die gesamte Flüssigkeit aufgenommen hat. Zum Schluss mit Salz und Pfeffer abschmecken.

3

In der Zwischenzeit den Granatapfel quer halbieren, die Kerne herauslösen. Den Koriander grob hacken. Granatapfelkerne, den Koriander und das restliche Olivenöl auf das fertige Gericht verteilen.

MIRKOS TIPP

Damit sich die Kerne besser aus dem Granatapfel lösen, nach dem Halbieren fest mit einem Esslöffel von außen auf die Schale klopfen.

PARMESAN-KÜRBIS
CANNELLONI
AUS STRUDELTEIG MIT ZWETSCHGEN-CHUTNEY

ZUTATEN

ZWETSCHGEN-CHUTNEY

1	rote Chilischote, halbiert, entkernt
20 g	Ingwer
200 g	**rote** Zwiebel
300 g	Zwetschgen
30 ml	Rapsöl
20 ml	Weißweinessig
75 g	Gelierzucker 3:1
	Salz, Pfeffer

CANNELLONI

2–3	Strudelteigblätter
50 g	flüssige Butter

FÜLLUNG

100 g	Hokkaido-Kürbis
80 g	Parmesan, fein gerieben
200 g	Frischkäse
1	Eiweiß

ANRICHTEN MIT

40 g	Parmesan
	Brunnenkresse

ZUBEHÖR

6	Metallrohre, 2,5 cm Durchmesser, 15 cm lang

REZEPT Marcel Ksoll

1 ZWETSCHGEN-CHUTNEY

Den Chili fein würfeln. Ingwer schälen und fein reiben. Zwiebel schälen, Zwetschgen waschen und entsteinen. Beides würfeln. Chili- und Zwiebelwürfel zusammen mit dem heißen Öl glasig anschwitzen und anschließend mit Essig ablöschen. Zwetschgenwürfel und Gelierzucker zufügen und vier Minuten sprudelnd kochen lassen. Dann mit Salz und Pfeffer abschmecken und erkalten lassen.

2 CANNELLONI

Grill auf 200 Grad vorheizen. Die sechs Metallrohrstücke mit Backpapier umwickeln. Den fertigen Strudelteig in sechs rechteckige Stücke von etwa neun Zentimetern Breite und 15 Zentimeter Länge schneiden. Diese dünn mit Butter bestreichen und je ein Teigstück um jedes Rohr wickeln. Diese nun auf den bereits vorgeheizten, entkoppelten Pizzastein legen oder schwebend mit Hilfe von Spießen in acht Minuten goldbraun backen. Anschließend abkühlen lassen und die knusprigen Cannelloni von den Metallrohren schieben.

3 FÜLLUNG

Kürbis fein raspeln und im Wok mit heißem Öl anschwitzen, danach mit Salz und Pfeffer kräftig würzen. Abkühlen lassen und mit geriebenem Parmesan und Frischkäse vermischen. Eiweiß zu steifem Schnee schlagen und unterheben. Die Frischkäse-Kürbis-Mousse in einen Spritzbeutel mit Lochtülle umfüllen und in die Cannelloni spritzen.

4 Chutney auf Tellern verteilen, je einen gefüllten Cannelloni darauflegen und mit Brunnenkresse und frisch gehobeltem Parmesan bestreut servieren.

ROTE-BETE-CAPPUCCINO

MIT GERÄUCHERTEM WALNUSS-SCHAUM

ZUTATEN

1 Liter	Gemüsebrühe
40 g	Butter
600 g	rohe Rote Bete
250 g	Zwiebel
5 g	Kümmel, gemahlen
100 ml	Weißwein
200 ml	Sahne
30 ml	Walnussöl
60 g	Weber Räucherchips Buche
50 g	Walnüsse
20 g	Puderzucker
	Salz, Pfeffer, Zucker

REZEPT Bärbl Hasenöhrl

1 ZUBEREITUNG

Gemüsebrühe aufkochen, die klein geschnittene Zwiebel und Rote Bete in einem Topf auf dem Seitenkocher des Grills farblos in der Butter anschwitzen. Mit Weißwein ablöschen, Gewürze zugeben, Deckel auflegen, weich kochen. Mit Salz und Pfeffer würzen.

2 AM GRILL

Den Grill für indirektes Grillen bei 100 bis 120 Grad vorbereiten. Räucherchips 30 Minuten in Wasser einweichen. Sahne mit Walnussöl in einen Wok geben, auf die indirekte Zone im Grill stellen. Räucherchips auf der Glut verteilen, Deckel auflegen, Lüfterrad zu drei Viertel schließen und die Sahne 15 bis 20 Minuten räuchern.

3 Die geräucherte Sahne aufschlagen. Walnüsse mit dem Puderzucker karamellisieren und etwas verhaken. Suppe in Kaffeetassen abfüllen, die Sahne als Haube oben aufsetzen und mit den Nüssen bestreuen.

BÄRBLS TIPP

Die Suppe wird besonders luftig und leicht, wenn man sie in einen ISI Whip Sahnebereiter füllt.

DUETT
VOM SPARGEL
AUF SALTIMBOCCA-ART MIT SALBEIBUTTER

ZUTATEN

150 g	weißer Spargel
150 g	grüner Spargel
500 ml	Wasser
30 g	Zucker
50 g	Butter
20 g	Salz
8	Scheiben Parmaschinken
20 ml	Olivenöl
60 g	Cheddar-Käse, gerieben
½	Zitrone (unbehandelt)

SALBEIBUTTER

150 g	Butter
6	Salbei
	Meersalz, Pfeffer

REZEPT Christian Rohde

1 SPARGEL

Beide Sorten Spargel waschen, den weißen Spargel schälen und holzige Enden abschneiden. Beim grünen Spargel nur die holzigen Enden abschneiden. Die halbe Zitrone heiß abwaschen, Schale abreiben und auspressen. Spargel in Wasser mit dem Zitronensaft, Zucker, Salz und Butter etwa 15 Minuten nicht ganz gar kochen. Der grüne Spargel braucht nur die Hälfte der Zeit (Spargel ist fertig gekocht, wenn man die Spitzen leicht eindrücken kann). Inzwischen Salbei waschen und die Blätter abzupfen. Spargel aus dem Wasser nehmen und auf Küchenkrepp gut abtropfen lassen. Jetzt den Spargel bündeln, Cheddar-Käse über den Spargel verteilen und mit zwei Scheiben Schinken umwickeln, die Salbeiblätter mit einwickeln.

2 AM GRILL

Eine Grillplatte (Plancha) in der direkten Zone platzieren. Nun den Grill auf 240 bis 290 Grad mit geschlossenem Deckel vorheizen. Wenn der Grill heiß ist, die Grillplatte mit einem Küchenpapier und kalt gepressten Olivenöl etwas einölen. Die Spargelröllchen in der direkten Zone auf der Grillplatte auf allen Seiten kurz angrillen. Darauf achten, dass der Schinken nur leicht kross wird und nicht verbrennt.

3

Anschließend die Grillplatte oder Sear-Zone entfernen und den Grill bei offenem Deckel etwas abkühlen lassen. Wichtig: In der indirekten Zone lohnt es sich, wenn man sich eine Erhöhung schafft und sich darunter ein Wasserbad/Schale platziert. So kann die Hitze im Grill bei geschlossenem Deckel besser zirkulieren.
Nun den Grill mit geschlossenen Deckel auf 120 bis 140 Grad vorheizen. Die Spargel-Röllchen in der indirekten Zone, auf der Grillplatte mit Erhöhung durchziehen lassen, sodass der Käse im Kern schmelzen kann. Hierfür benötigen wir eine Kerntemperatur von 68 Grad. Das Spargelröllchen herausnehmen und anrichten.

4 SALBEIBUTTER

Butter in einem Topf erhitzen, Salbei (fein geschnitten) beifügen und aufschäumen lassen. Mit Meersalz und Pfeffer abschmecken. Zu den Spargelröllchen servieren.

EIERSCHWAMMERL
GULASCH

MIT FEINEM SERVIETTENKNÖDEL

ZUTATEN

SERVIETTENKNÖDEL

80 g	Zwiebel
20 ml	Rapsöl
2	Eier
300 g	Semmelwürfel
30 g	Mehl
20 g	Petersilie, gehackt
500 ml	Milch

EIERSCHWAMMERL

750 g	frische Eierschwammerl (Pfifferlinge)
80 g	Zwiebel
10 g	Knoblauch
20 ml	Rapsöl
30 g	Petersilie, gehackt
30 g	Paprika, edelsüß
20 ml	Apfelessig
125 ml	Weißwein
250 ml	Sahne
20 g	Mehl
15 g	Kümmel

REZEPT Patrick Bayer

1 SERVIETTENKNÖDEL

Die Zwiebel schälen und in Würfel schneiden, dann in Öl bei mittlerer Hitze bräunen und zu den Semmelwürfeln geben. Die Eier trennen, das Eiklar steif aufschlagen und zur Seite stellen. Milch, Eigelb, Mehl und Petersilie zu den Semmelwürfeln zufügen und gut durchmischen. Die Masse sollte durchgängig feucht sein, falls nicht, vorsichtig noch etwas Milch nachgießen. Den Eischnee vorsichtig unter die Masse heben.

2 AM GRILL

Grill für indirektes Grillen bei 180 Grad vorbereiten. Aus der Masse zwei Stangen formen und anschließend erst in Backpapier, danach noch in Alufolie wickeln. Die Knödel sollten nicht zu fest gewickelt werden, da sie noch aufgehen! Die Knödel für etwa 25 Minuten indirekt bei 180 Grad garen.

3 EIERSCHWAMMERL-GULASCH

Die Pilze gut putzen und je nach Größe in mundgerechte Stücke schneiden. Zwiebel und Knoblauch schälen und fein hacken. Das Öl im Wok oder im Dutch Oven mit Deckel erhitzen und die Zwiebeln darin glasig dünsten. Knoblauch zugeben und kurz anbraten. Die Pilze dazugeben und langsam dünsten bis die austretende Flüssigkeit verdampft ist. Mit Paprikapulver, Kümmel und dem Mehl bestäuben und anschließend mit einem Spritzer Essig ablöschen und gut durchrühren. Den Wein angießen und den Alkohol verdampfen lassen. Mit Salz und Pfeffer abschmecken. Die Sahne zugeben und einmal aufkochen lassen. Petersilie erst zum Schluss einstreuen, damit das feine Aroma erhalten bleibt.
Mit den Serviettenknödel und etwas frischer Petersilie servieren.

PATRICKS TIPP:
Dazu schmeckt glatt gerührter Sauerrahm!

Für 4 Personen
Zubereiten: 30 Minuten
Ruhen lassen: 2,5 Stunden
Grillen: 25–30 Minuten
Indirekt bei 230 Grad

ZWEIERLEI TOPFENVINSCHGERL

AUF DER PLANCHA GEGRILLT

ZUTATEN

TEIG

300 g	Roggenmehl
85 g	Dinkelmehl
15 g	Salz
25 g	Brotgewürz (Kümmel, Koriander, Anis, Fenchel), grob zerstoßen
35 g	Hefe
5 g	Zucker
20 g	Trockensauerteig
300 ml	warmes Wasser

1. AUFSTRICH

250 g	Ziegenfrischkäse
100 g	Schmand
50 g	Rucola
150 g	getrocknete Tomaten
	Salz, Pfeffer, Petersilie und Basilikum nach Belieben

2. AUFSTRICH

400 g	Schmand
300 g	Bauchspeck
1 Bund	Lauchzwiebeln
	Salz, Pfeffer
	Rapsöl

REZEPT Bärbl Hasenöhrl

1 TEIG

Hefe, Dinkelmehl, Zucker und Wasser vermengen und eine Stunde stehen lassen. Danach alle anderen Zutaten zugeben und zu einem geschmeidigen Teig verarbeiten.

Den fertigen Teig bei Raumtemperatur mindestens eine Stunde ruhen lassen. Danach handflächengroße Fladen mit einer Höhe von einem halben Zentimeter formen. Wieder 20 Minuten ruhen lassen.

2 1. AUFSTRICH

Rucola und getrocknete Tomaten klein schneiden und mit Ziegenfrischkäse sowie Schmand vermengen, mit Salz und Pfeffer würzen und auf die geformten Vinschgerl verteilen. Nach dem Grillen Petersilie und Basilikum darüberstreuen.

3 2. AUFSTRICH

Bauchspeck in kleine Würfel schneiden und mit etwas Rapsöl knusprig anbraten. Lauchzwiebeln inklusive Grünanteil in Ringe schneiden. Zwei Drittel davon in den Schmand mischen. Den ausgelassenen Speck (ohne flüssiges Fett!) und die Gewürze in den Schmand geben und vermengen. Masse auf die geformten Vinschgerl geben. Nach dem Grillen mit den restlichen Lauchzwiebeln bestreuen.

4 AM GRILL

Grill für indirektes Grillen bei 230 Grad mit Plancha vorbereiten. Die Vinschgerl auf die Plancha legen, den Deckel vom Grill schließen und 25 bis 30 Minuten grillen.

BÄRBLS TIPP

Vor dem Schließen des Deckels Wasser auf die Vinschgerl und die Plancha sprühen. Dadurch werden sie besonders knusprig!

GRILLMETHODE Indirekt auf der Plancha bei 230 Grad · Garzeit: 25–30 Minuten

BREZELKNÖDEL
AUF BADISCHE ART

MIT DEFTIGEN LANDJÄGERN

ZUTATEN

40 g	Zwiebeln, geschält
5 g	Knoblauch, geschält
140 g	Bio-Landjäger von Schwarzwaldhof
250 g	Laugenbrezel
10 g	glatte Petersilie
10 g	Schnittlauch
4	Eier, Größe S
40 g	Butter
100 g	Weißwein
100 g	Sahne

REZEPT Gerhard Volk

1 ZUBEREITUNG

Eine Auflaufform mit Backpapier auslegen oder vier kleine Portionsförmchen gut einfetten. Zwiebeln und Knoblauch fein würfeln, Landjäger in Stücke von einem halben Zentimeter Kantenlänge schneiden. Brezeln in feine Scheiben schneiden. Kräuter fein schneiden und die Eier schaumig aufschlagen.

2 BREZELKNÖDEL

Zwiebeln, Knoblauch und Landjäger bei mittlerer Hitze in der Butter glasig dämpfen. Mit Weißwein ablöschen, Sahne beifügen, vom Herd nehmen und sofort Brezelscheiben beifügen, vermengen, abdecken und einige Minuten ziehen lassen.
Eier und Schnittlauch untermischen, mit Salz, Pfeffer und Muskat würzen. Die Masse locker in der Auflaufform oder in den kleinen Förmchen verteilen.

3 AM GRILL

Grill für indirektes Grillen mit 200 bis 220 Grad vorbereiten. Die Auflaufform auf die indirekte Zone des Grills stellen. Deckel vom Grill schließen und je nachdem, welche Form ihr genommen habt, für 20 bis 35 Minuten grillen.

GERHARDS PROFI TIPP

Die Backknödel gehen noch besser auf, wenn Ihr sie indirekt mit 260 Grad für zehn Minuten angrillt und die Temperatur dann einregelt. Ist etwas kniffliger, lohnt sich aber ...

GRILLMETHODE Indirekt bei 200 bis 220 Grad
Garzeit: Je nach Größe der Auflaufform 20–35 Minuten · Kerntemperatur: 88 Grad

HEISSGELIEBTES
BIERBROT

SCHNELL UND EINFACH IM DUTCH OVEN GEBACKEN

ZUTATEN

500 g	Mehl
21 g	Hefe
330 ml	Weizenbier
7 g	Salz
1 Prise	Zucker

REZEPT Marco Stolze

 1 BROTTEIG

Die Hefe mit dem Bier (Zimmertemperatur) und Zucker verrühren und zur Seite stellen. Das Mehl in eine Schüssel sieben. Dann das Salz, das restliche Bier sowie das Bier-Hefe-Gemisch dazugeben. Alles gut durchkneten. Den Brotteig mit einem Geschirrtuch abdecken und an einem warmen Ort für zwei Stunden gehen lassen.

 2 AM GRILL

Den Grill für indirektes Grillen mit einer Temperatur von 200 Grad vorbereiten. Den Dutch Oven mit einem Backpapier auslegen und den fertig gegangenen Brotteig in den Gusstopf legen. Nun den Dutch Oven mit Deckel in den vorbereiteten Grill stellen. Für 40 Minuten indirekt und danach 10 bis 15 Minuten ohne Deckel grillen.

MARCOS TIPP

Das Bierbrot ist eine Allround-Beilage und lässt sich nach Geschmack noch variieren. Ihr könnt eine Handvoll Walnusskerne untermischen, klein geschnittene, getrocknete Tomaten oder auch Speckstreifen und Röstzwiebeln. Zum Bierbrot eine schöne, gesalzene Butter reichen und das Brot noch warm genießen!

Für 4 Personen
Zubereiten: 30 Minuten
Grillen: 45 Minuten
Räuchern indirekt bei 120 Grad
Frittieren direkt bei 170 Grad

CHEDDAR
CORN BITES

MIT GERÄUCHERTER TOMATEN-BBQ-SAUCE

ZUTATEN

CHEDDAR CORN BITES

525 ml	Maismehl
150 g	Maiskörner aus der Dose
135 g	Mehl
5 g	Backpulver
150 g	rote Zwiebel, gerieben
750 ml	Buttermilch
2	Eier, Größe M
80 g	Cheddar in kleinen Würfeln
	Salz
	Pfeffer
	Cayennepfeffer
1,5 Liter	Rapsöl zum Frittieren

TOMATEN-BBQ-SAUCE

200 g	Tomatenketchup
250 g	Ochsenherztomaten
100 ml	Zuckerrübensirup
4	Zehen Knoblauch, geschält
½	Zitrone
50g	Zwiebel, geschält
5 g	Paprikapulver
2 g	Senfpulver
50 g	Hickory Räucherchips
30 ml	Olivenöl

REZEPT Tobias Walker

1 TOMATEN-BBQ-SAUCE

Die Ochsenherztomate halbieren. Knoblauch, Zitrone und Zwiebel mit dem Olivenöl einreiben. Dazu den Grill für 120 Grad indirekte Hitze vorbereiten. Die Räucherchips in die Glut oder die Räucherbox des Grills geben. Knoblauch, Zitrone, Zwiebel und Tomate im Grill für 30 Minuten mit Hickory Holz räuchern. Dabei den Deckel des Grills schließen.

2 Die geräucherte Zitrone in eine Schüssel pressen. Mit dem Paprika- und Senfpulver sowie dem Zuckerrübensirup verrühren. Den Knoblauch und die Zwiebel ganz fein hacken und mit dem Ketchup zum Zitronensaft geben. Die Ochsenherztomate in kleine Würfel schneiden und ebenfalls dazugeben. Alles kräftig verrühren.

3 CHEDDAR CORN BITES

Die Maiskörner in einer großen Schüssel mit einer Gabel grob zerdrücken und mit der Buttermilch, geriebenen Zwiebel und den Eiern kräftig vermischen. Mehl, Maismehl, Backpulver und die Gewürze dazugeben und zu einem glatten Teig rühren. Den Cheddar unterrühren und nochmals abschmeckenen, die Masse sollte würzig sein.

4 Den Grill für 170 Grad direkte Hitze vorbereiten. Den Dutch Oven mit dem Öl befüllen und im Grill erwärmen. Sobald das Öl aufgeheizt ist, die Teigmasse mit zwei Teelöffeln klecksweise in das Öl gleiten lassen und knusprig ausfrittieren. Mit einem Schaumlöffel die Corn Bites herausholen und auf einem Küchentuch abtropfen lassen.

5 Die Cheddar Corn Bites noch warm auf einer Platte anrichten und mit der Tomaten-BBQ-Sauce zusammen servieren.

TOBYS TIPP

Man kann die BBQ-Sauce auch noch etwas einreduzieren, um eine festere Konsistenz zu erhalten.

PULLED PORK
O'ZUPFT IS!

EINE KLEINE LIEBESERKLÄRUNG
AN FEIN GEZUPFTES FLEISCH …

Pulled Pork ist einer der Klassiker der amerikanischen Grillkultur. Es gehört mit Spareribs und Beef Brisket zur „Holy Trinity" – der heiligen Dreifaltigkeit der Grillküche. Für alle drei Rezepte muss man viel Zeit mitbringen. Für Pulled Pork bedeutet das: Bevor das Fleisch gepulled, also gezupft werden kann, muss es bis zu 16 Stunden bei niedriger Temperatur um 100 bis 120 Grad garen. Das Ergebnis: herrlich saftiges Fleisch, das sich in einem Bun perfekt als Fingerfood eignet.

Das Geheimnis
In den vielen Stunden, in denen das Fleisch extrem langsam bei niedrigen Temperaturen gart, löst sich das Kollagen, das im Bindegewebe vorhanden ist, langsam auf. Die sogenannte Hydrolyse sorgt dafür, dass das Fleisch butterweich und zart wird.

Welcher Grill?
Manche schwören für Pulled Pork auf einen Smoker, andere bevorzugen Gas- oder Kugelgrill. Im Grunde eignet sich jeder Grill, auf dem man indirekt grillen kann.

Würzen und Moppen
Doch vor den Genuss hat der Grillgott Arbeit und Geduld gestellt. Ein guter Rub, der vor dem Grillvorgang in das Fleisch eingearbeitet wird, ist das erste Geheimnis für perfekten Geschmack. Nun kommt das Fleisch auf die indirekte Zone des Grills und ab einer Kerntemperatur von 75 Grad darf gemoppt werden: Einmal pro Stunde das Fleisch mit einer BBQ-Sauce bestreichen, bis es eine Kerntemperatur 90 Grad erreicht hat.
Tipp: Ruhe bewahren, auch wenn die Temperatur mal nicht schnell steigt – auf keinen Fall die Temperatur nach oben regeln!

Hühnchen und Co.
Auch Hühnchen, Rind und für Vegetarier sogar Champignons oder Jackfruit eignen sich für Pulled Burger. Probiert's mal aus!

ALTWIENER
PULLED PORK

UNSER ABSOLUTES LIEBLINGSREZEPT
FÜR BUTTERZARTE G'ZUPFTE SAU

ZUTATEN

BRATEN

3 kg	Nacken vom Duroc-Schwein
160 g	Zwiebeln
150 g	Karotten
150 g	gelbe Rüben
100 g	Sellerie
250 g	Cherrytomaten
100 g	Tomatenmark
350 ml	Bier, hell

RUB

60 g	Knoblauchzehen, fein gerieben
40 g	feines Salz
15 g	Kümmel, ganz
10 g	schwarzervPfeffer, gemahlen
20 ml	Rapsöl
12	Brötchen

REZEPT Patrick Bayer

 VORBEREITUNG

Alle Zutaten für den Rub vermengen. Anschließend den Schweine-nacken mit der Gewürzmischung gut einreiben und **über Nacht marinieren**.

 AM GRILL

Den Grill für indirekte Hitze bei 160 bei 180 Grad vorbereiten. Das Gemüse grob würfeln, Tomaten halbieren und alles mit dem Toma-tenmark vermischen. Einen Bräter mit dem Gemüse füllen und dann den Braten daraufsetzen. Den Bräter ohne Deckel für 15 Minuten auf den Grill stellen, bis das Gemüse leichte Röstaromen ansetzt, dann mit dem Bier aufgießen.

 Der Braten bleibt auf dem Grill, bis er eine Kerntemperatur von 80 Grad erreicht, dies dauert in der Regel zweieinhalb Stunden. Da-bei regelmäßig überprüfen, ob genug Flüssigkeit im Bräter ist. Falls nicht, einfach etwas Wasser, Bier oder Gemüsefond nachgießen. Hat der Braten die 80 Grad erreicht, wird der Bräter verschlossen und das Fleisch bis auf eine Kerntemperatur von 94 Grad fertig gegrillt. Sollte kein Deckel verfügbar sein, den Bräter einfach mit Backpapier und Alufolie verschließen.

4 ANRICHTEN

Am Schluss das Gemüse aus dem Bräter nehmen und mit einem Pü-rierstab aufmixen, sodass eine Art Gemüse-BBQ-Sauce entsteht. Das Fleisch wird anschließend zerzupft und mit der Sauce und einem Krautsalat in einem Brötchen serviert – bei unseren Freunden in Österreich ist dafür ein Wachauer Laibchen erste Wahl.

GRILLMETHODE Indirekt bei 160–180 Grad
Garzeit: Je nach Fleisch-Qualität und Temperatur ca. 3 Stunden · Kerntemperatur: 94 Grad

BORN TO GRILL 221

PULLED
CHICKEN BURGER

MIT SCHNELL GEMACHTEM RED COLE SLAW

ZUTATEN

HÄHNCHEN

1,2 kg	Hähnchen im Ganzen
80 g	Chicken Rub
200 ml	Bier

COLE SLAW

400 g	Rotkohl
20 g	frische mittelscharfe Peperoni (in feine Streifen geschnitten)
6 g	Pul Biber
45 ml	Fischsauce (Thai)
50 g	Zucker
20 g	Limettensaft
	Salz, Pfeffer

WÜRZSAUCE

20 g	Ingwer
70 g	rote Zwiebeln
20 g	Knoblauch
50 ml	Sojasoße
100 ml	Sweet-Chili-Sauce
4	Burger Buns

REZEPT Stefano Esposito

1 COLE SLAW

Den Rotkohl putzen und in dünne Streifen schneiden. Mit dem Salz vermischen und etwa zwei Stunden in einem Sieb stehen lassen, damit der Kohl entwässert wird.

Die restlichen Zutaten für den Rotkrautsalat miteinander vermischen und mit dem Kraut vermengen. Abschließend eventuell nochmals mit Salz und Zucker abschmecken.

2 HÄHNCHEN

Jetzt den Grill für indirektes Grillen mit 180 Grad Hitze vorbereiten. Das Hähnchen mit dem Rub einreiben und den Hähnchenhalter mit Bier füllen. Das gewürzte Hähnchen auf dem Halter platzieren und bei 180 Grad indirekter Hitze für 50 Minuten bei geschlossenem Deckel garen, bis mindestens eine Kerntemperatur von 80 Grad erreicht ist. Die Haut abziehen und in feine Würfel schneiden.

3 WÜRZSAUCE

Für die Würzsauce Zwiebeln, Knoblauch, die gewürfelte Haut und den Ingwer in einer Pfanne auf dem Seitenkocher anbraten und mit Sojasoße ablöschen, danach mit Bratensaft aus dem Hähnchenhalter und Sweet-Chili-Sauce auffüllen.

4 ANRICHTEN

Das Hähnchenfleisch von den Knochen pulen, in die Würzsauce geben, fünf Minuten ziehen lassen. Dann erst das Pulled Chicken und danach den Red Cole Slaw auf den Burger Buns anrichten.

GRILLMETHODE Indirekt bei 180 Grad

Garzeit: Je nach Fleischqualität und Temperatur 50 Minuten · Kerntemperatur: 80 Grad

Für 4 Personen
Zubereiten: 50 Minuten
Teigruhe: 2 Stunden
Grillen: 20 Minuten
Burger: Direkt bei 260 Grad
Buns: Auf dem Pizzastein bei 200 Grad

BURGER
VOM US-BEEF

MIT COX-ORANGE-ÄPFELN & GRIECHISCHEM SCHAFSKÄSE

ZUTATEN

BURGER

700 g	Gehacktes vom US-Beef
3	Schalotten in Würfel
20 g	Dijon-Senf
40 g	Ketchup
3	Eier
9 g	Salz
3 g	Pfeffer
1	Apfel Cox Orange in Scheiben
150 g	Schafskäse in Scheiben
1	Romanasalatherz
	Tomate, Gurke, Zwiebelringe, Gewürzgurke nach Belieben

MAYONNAISE

1	Knoblauchzehe
1	Vollei
30 g	Senf
20 ml	Weißweinessig
80 ml	Pflanzenöl
	Salz und Pfeffer

BURGER-BRÖTCHEN (BUNS)

80 ml	warmes Wasser
20 ml	Milch
40 g	Butter weich
250 g	Mehl, Type 550
1	Ei
½	Würfel Hefe
16 g	Zucker
1 g	Salz

ZUM BEPINSELN DER BRÖTCHEN

1	Eigelb
20 ml	Milch
20 ml	Wasser
1 g	Sesam hell und dunkel

REZEPT Patrick Speck

1 MAYONNAISE

Ei, Knoblauch, Senf und Essig in den Mixer geben. Während des Mixens nach und nach langsam das Öl hinzugeben, bis die Masse leicht fest wird. Mit Salz und Pfeffer abschmecken.

3 BUNS

Hefe und Zucker zu lauwarmem Wasser und lauwarmer Milch geben und aufschlämmen, also die Hefe auflösen. Im Anschluss Mehl, Ei, weiche Butter und Salz hinzufügen und gründlich durchkneten. Den Teig 45 Minuten an einem warmen Ort gehen lassen. Im Anschluss zu 80-Gramm-Kugeln aufteilen und zu Burger Buns formen. Auf einem Backblech mit Backpapier eine weitere Stunde gehen lassen.

4 Grill für indirektes Grillen bei 200 Grad oder den Backofen auf 200 Grad mit Ober- und Unterhitze vorheizen. Die Burger Buns mit einer Mischung aus Eigelb und Wasser und Milch bepinseln und mit Sesam bestreuen. Danach auf einem Pizzastein im Grill oder auf dem Backblech im Ofen für 18 Minuten goldgelb backen.

5 BURGER

Hackfleisch mit Schalotten, Senf, Ketchup und Eiern vermengen und mit Salz und Pfeffer abschmecken. Zu Pattys formen und eine Stunde in die Kühlung stellen. Den Grill auf 260 Grad vorheizen.
Die Burger-Pattys auf die direkte Zone legen und von beiden Seiten je zwei Minuten grillen, bis die gewünschte Kerntemperatur erreicht ist. Anschließend den Burger nach Belieben mit Apfelscheiben, Schafskäse, Salat, Tomate, Zwiebel und Gurke belegen. Saucen nach Belieben hinzufügen.

GRILLMETHODE Burger: Direkt bei 260 Grad · Garzeit: 2 Minuten
Buns: Auf dem Pizzastein bei 200 Grad · Garzeit: 18 Minuten

GEROLLTE
BEEF BURGER

AUCH SO MACHT MAN PATTYS – DRAUF DARF, WAS SCHMECKT

ZUTATEN

PATTY

1 kg	Rinderhackfleisch (Fettanteil ca. 20 Prozent)
18 g	Salz

BURGER

12	Scheiben Bacon
6	Scheiben Fleischtomate
12	Scheiben Gewürzgurken
6	dicke Scheiben Büffelmozzarella
12	Salatblätter, z.B. Lollo Rosso Mayonnaise und BBQ-Sauce nach Geschmack
6	Burger Buns (Rezept Seite 237)

REZEPT Stefano Esposito

 PATTY

Das Rindfleisch würfeln, salzen und durch den Fleischwolf lassen. Das Hackfleisch vorsichtig mit Backpapier auffangen und zu einer Rolle formen. Die Rolle eine bis zwei Stunden in der Gefriertruhe anfrieren.

 Das angefrorene Hackfleisch aus dem Backpapier auswickeln und zu sechs Pattys in der gewünschten Stärke schneiden.

 AM GRILL

Den Grill für direktes Grillen bei 200 Grad mit Plancha vorbereiten. Die Baconscheiben auf die geölte Plancha auflegen und grillen bis diese kross sind.

 Danach die Pattys bei geschlossenem Deckel zwei Minuten von jeder Seite zwei Minuten grillen, bis eine Kerntemperatur von 58 Grad erreicht ist.

 ZUBEREITUNG

Die Pattys mit Tomaten- und Gurkenscheiben, dem kross gegrilltem Bacon und Salatblättern garnieren.

6 Zum Anrichten des Burgers das aufgeschnittene Bun mit den Schnittflächen auf dem Grill kurz erwärmen. Mit Mayonnaise (Seite 182/183) und BBQ-Sauce (Seiten 62–65) bestreichen und den garnierten Patty auflegen.

STEFANOS TIPP

Grundsätzlich lässt sich zu dem Bun kombinieren, was schmeckt. Guacamole von Seite 66, Cheddar, Pilze und vieles mehr. Viel Spaß beim Kombinieren!

Von der Rolle: Das Hackfleisch wird vorsichtig im Backpapier zu einer Rolle geformt, 1–2 Stunden angefroren und dann in Scheiben geschnitten. Super, wenn man gut vorbereitet sein will ...

SALSICCIA BURGER

MIT SCAMORZA, PARMASCHINKEN UND EINGELEGTEN ZITRONEN

ZUTATEN

PATTY

500 g	Schweinehack mit etwa 20% Fett (am besten nach einer Mischung aus Bauch, Schulter und Nacken fragen)
10 g	Salz
5 g	Fenchelsamen, geschrotet
2 g	Majoran
2 g	Knoblauch, fein gewürfelt
20 g	Speck
10 g	Senf
50 ml	Weißwein
100 g	Scamorza in Scheiben
200 g	Parmaschinken in Scheiben
10 g	Rucola
4	Burger Buns

EINGELEGTE ZITRONEN

2	Bio-Zitronen
250 g	Zucker
25 g	Meersalz
5 g	Szechuanpfeffer
1	Lorbeerblatt
1	Peperoncino
1	Kardamomkapsel
1	Sternanis

REZEPT Stefano Esposito

1 EINGELEGTE ZITRONEN

Die Zitronen waschen, in Scheiben schneiden und in sterile Einmachgläser füllen. Den Zucker, Meersalz, Wasser und die restlichen Gewürze aufkochen, bis der Zucker sich aufgelöst hat und noch kochend heiß über die Zitronen geben. Gläser verschließen und bei etwa 90 Grad in einem Kochtopf mit Wasser bedeckt für 30 Minuten einwecken.

2 SALSICCIA-PATTY

Wenn Ihr Euer Fleisch nicht schon beim Metzger wolfen lasst, dann jetzt das Fleisch grob würfeln, salzen und mit dem Speck durch den Fleischwolf lassen. Die restlichen Zutaten dazugeben und gründlich vermischen. Vier gleich große Pattys formen und für mindestens eine, besser zwei Stunden kaltstellen.

3 Den Grill für direktes Grillen bei 200 Grad auf der Plancha vorbereiten. Die Pattys auf die geölte Plancha legen und bei geschlossenem Deckel von jeder Seite zwei Minuten grillen, bis eine Kerntemperatur von 60 Grad erreicht ist.

4 Die Scamorzascheiben auf die Pattys verteilen, dann den Parmaschinken auflegen und bei geschlossenem Deckel grillen, bis der Käse geschmolzen ist. Den Rucola waschen und etwas zerkleinern.

5 Zum Anrichten den aufgeschnittenen Bun auf dem Grill kurz erwärmen. Den Rucola auf die untere Hälfte verteilen, den Patty mit dem geschmolzenen Käse und anschließend mit Parmaschinken, Tomatensalsa und zwei bis drei Scheiben eingelegter Zitronen garnieren.

STEFANOS TIPP

Am besten schmecken die Zitronen nach etwa zwei Monaten Einlegezeit – und wenn Ihr gleich zwei, drei Gläser mehr macht, habt Ihr ein super Mitbringsel für andere Grillfreunde …

GRILLMETHODE Direkt bei 200 Grad
Garzeit: Je nach Fleischqualität und Temperatur 2 mal 2 Minuten · Kerntemperatur: 60 Grad

WILDSCHWEIN PATTY

MIT GEDÖRRTEN CRANBERRIES UND GERÖSTETEN PEKANNÜSSEN

ZUTATEN

400 g	Schulter vom Wildschwein
40 g	gedörrte Cranberries
40 g	Pekannüsse
1	Zweig Rosmarin
4g	Salz
3g	Pfeffer

REZEPT Roberto Venturino

 1 ZUBEREITUNG

Wildschweinschulter entweder durch den Fleischwolf drehen oder mit einem Messer klein hacken. Cranberries klein hacken.
Die Pecannüsse in einer Pfanne auf dem Seitenbrenner vom Grill oder auf dem Herd anrösten. Rosmarin waschen, die Nadeln vom Zweig entfernen und klein hacken.
Alles zusammen mit dem Fleisch mischen, mit Salz und Pfeffer abschmecken. Aus der Masse gleich große Pattys mit je etwa 120 Gramm formen und bis zum Grillen in die Kühlung stellen.

 2 AM GRILL

Grill für direktes und indirektes Grillen bei 180 Grad vorbereiten.
Den Grillrost bürsten und mit etwas Pflanzenöl einreiben.
Die Pattys zuerst auf die direkte Zone des Grills legen und kurz von beiden Seiten grillen, dann in die indirekte Zone legen. Nach etwa fünf Minuten sollten die Pattys die gewünschte Kerntemperatur von 57 bis 62 Grad erreicht haben.

ROBERTOS TIPP

Achtet darauf, dass Eure Wildschweinschulter nicht zu mager ist!
Im Zweifel einfach noch 20 Gramm rohen Schweinebauch oder
mild geräucherten, weißen Speck vom Hausschwein mit durch den
Wolf drehen und die Masse dann gut vermengen.

SPINATPATTYS
MIT SENFCREME

AUF DER PLANCHA ZUBEREITET

ZUTATEN

SPINATPATTY

150 g	Blattspinat (TK)
40 g	Zwiebeln, geschält
6 g	Knoblauch, geschält
20 g	Butter
10 g	rote Peperoncini
	Salz, schwarzer Pfeffer
1 g	Curry
175 g	Toastbrot
180 g	Ei
80 g	Parmesan
	Salz und Muskat
20 g	Rapsöl

SENFCREME

40 g	Sauerrahm
15 g	Dijon-Senf
15 g	grober Dijon-Senf
	Salz, Pfeffer
	Tabasco

REZEPT Gerhard Volk

1 SPINATPATTYS

Den Blattspinat auftauen, etwas ausdrücken und das Wasser auffangen. Zwiebeln, Knoblauch und Peperoncini in kleine Würfel schneiden. Den Toast samt Rinde in Würfel von einem Zentimeter Kantenlänge schneiden und den Parmesan reiben.

Nun die Butter in einem Topf auf dem Seitenkocher vom Grill oder dem Herd aufschmelzen, Zwiebeln und Knoblauch in der Butter goldgelb anbraten. Peperoncini, Pfeffer sowie Curry beifügen und kurz mitbraten. Das Spinatwasser beifügen, vom Herd nehmen und die Toastbrotwürfel unterheben. Eier schaumig aufschlagen und mit dem Parmesan unter die Masse mischen, mit Salz und Muskat abschmecken. Die Patty-Masse fünf bis zehn Minuten ruhen lassen.

2 SENFCREME

Alle Zutaten vermengen und mit Salz, Pfeffer und etwas Tabasco würzen.

3 AM GRILL

Grill für direkte Hitze mit Plancha bei 180 bis 200 Grad vorbereiten. Die Plancha einölen und die Patty-Masse zu gleich großen Pattys Formen oder direkt mit einem Löffel auf die Plancha geben und etwas flach drücken. Bei geschlossenem Deckel pro Seite vier Minuten knusprig-saftig grillen.

Die Pattys auf Teller oder Platte anrichten und die Senfcreme anlegen.

GERHARDS TIPP

Wenn Ihr bei der Senfcreme halb Mayonnaise und halb Sauerrahm verwendet, schmeckt sie noch ein bisschen gehaltvoller ...

HOTDOG
MEXICAN STYLE

MIT CHILI CON CARNE, GUACAMOLE & TACOS

Für 4 Personen
Zubereiten: 1 Stunde
Gehen lassen: 2 mal 1 Stunde
Grillen Brötchen: 16 Minuten
Auf dem Pizzastein bei 200 Grad
Grillen Chili: 20 Minuten
Im Wok bei 240 Grad
Grillen Wurst: ca. 6 Minuten
Direkt und indirekt bei 240 Grad

ZUTATEN

HOTDOG

480 g	Bratwurst (z.B. fränkische)
50 g	Crème Fraîche
40 g	Tacos

CHILI CON CARNE

200 g	Rinderhackfleisch
½	Chili
1	Knoblauchzehe, fein gewürfelt
1 g	Kreuzkümmel
1 g	Chiliflocken
300 g	stückige Tomaten
200 g	Kidney Bohnen
200 g	Mais
50 g	Zwiebelwürfel
1 g	Sambal Oelek

HOTDOG-BUN

150 g	Mehl, Type 405
75 g	Mehl, Type 550
25 ml	lauwarme Milch
12 g	geschmolzene Butter
1	Ei
1	Eiweiß
10 g	Hefe
22 g	Zucker
2 g	Salz

GUACAMOLE

1	Avocado
1	Knoblauchzehe
1 g	Kreuzkümmel
½	Zitrone
30 ml	Olivenöl
	Chili, Salz und Pfeffer

REZEPT Patrick Speck

1 HOTDOG-BUN

Hefe und Zucker zu 75 ml lauwarmem Wasser und der Milch geben und die Hefe darin auflösen. Mehl, Ei, weiche Butter und eine Prise Salz dazu geben und durchkneten. Den Teig 60 Minuten gehen lassen. Buns formen (je etwa 80 Gramm) und auf einem Backblech mit Backpapier eine weitere Stunde gehen lassen. Den Grill auf 200 Grad mit einem Pizzastein vorheizen. Die Buns mit Eiweiß und zehn Milliliter Wasser (leicht vermischt) bestreichen. Danach im vorgeheizten Grill auf der indirekten Zone für 16 Minuten goldgelb backen.

2 GUACAMOLE

Die Avocado schälen und halbieren. Im Mixer mit Knoblauch, Kreuzkümmel, dem Saft der halben Zitrone, Olivenöl und einer Prise Chili fein pürieren. Mit Salz und Pfeffer abschmecken und bereithalten.

3 CHILI CON CARNE

Den Grill auf 240 Grad mit der Wokpfanne im GBS-System vorheizen. Etwas Pflanzenöl hineingeben und das Rinderhackfleisch scharf anbraten. Zwiebelwürfel und Knoblauch dazugeben. Dann die restlichen Zutaten hinzufügen. Das Chili 20 Minuten leicht köcheln lassen und mit Salz und Pfeffer abschmecken.

4 HOTDOG

Den Grill auf 240 Grad erhitzen. Vor dem Grillen die Bratwurst mit einer Gabel einstechen. Die Bratwurst wird auf die direkte Zone des vorgeheizten Grills gelegt und für 30 bis 60 Sekunden von beiden Seiten scharf angegrillt. Im Anschluss für fünf Minuten auf die indirekte Zone legen. Die Buns anschneiden, mit Chili con Carne und Guacamole füllen. Obenauf die Bratwurst setzen und mit Crème Fraîche sowie den Tacos garnieren.

GRILLMETHODE Hot Dog Bun: Auf dem Pizzastein bei 200 Grad · Garzeit 16 Minuten · Chili: 240 Grad in der Wokpfanne · Garzeit: 20 Min. · Bratwurst: Direkt und indirekt bei 240 Grad · Garzeit: ca. 6 Minuten

Für 11-12 Buns
Zubereiten: ca. 15 Minuten
Gehen lassen: 2 mal 1 Stunde
Grillen Brötchen: 20 Minuten
auf der Grillplatte indirekt bei 180 Grad

UNSERE BESTEN
BURGER BUNS

GUTE BURGER HABEN ETWAS BESSERES VERDIENT ALS BRÖTCHEN AUS DEM SUPERMARKT. DESHALB RAN AN DIE BACKSCHÜSSEL!

ZUTATEN

TEIG

200 ml	Wasser, warm
60 ml	Milch, warm
1	Würfel frische Hefe
35 g	Zucker
8g	Salz
80 g	Butter
500 g	Mehl Type 550
1	Ei, Größe L

AUF DEN TEIG

1	Ei, Größe L
30 ml	Milch, warm
30 ml	Wasser, warm
	Sesam

ZUBEHÖR
Grillplatte, Wasserschale

REZEPT Christian Rohde

BRIOCHE-BUNS

1 HERSTELLUNG TEIGLINGE

Warmes Wasser und warme Milch in eine Schüssel geben, Zucker beimischen und Hefewürfel hineinbröseln. Die Hefe muss frische Hefe sein! Fünf Minuten ruhen lassen. Danach mit Mehl, Salz, Ei und weicher Butter zu einem geschmeidigen Teig verkneten, am besten mit der Küchenmaschine.

2 Den Teig an einem warmen Ort etwa eine Stunde gehen lassen. Dann aus jeweils 80 bis 90 Gramm Teig elf bis zwölf Brötchen formen. Gleichmäßige, runde Kugeln auf ein mit Backpapier belegtes Backblech zu flachen Fladen pressen, Durchmesser etwa acht bis neun Zentimeter. Mehl auf der Arbeitsplatte bereithalten – der Teig ist klebrig. Je gleichmäßiger wir formen, desto besser wird das fertige Brötchen.

3 Jetzt müssen die Teiglinge noch einmal eine Stunde gehen, damit die Brötchen luftig werden. In der Zwischenzeit ein Ei mit 30 Milliliter Wasser und 30 Milliliter Milch verquirlen. Nachdem die Brötchen eine Stunde gegangen sind, werden sie damit bestrichen. Das sorgt später für einen schönen Glanz. Wichtig: Ei und Milch sollten Zimmertemperatur haben, andernfalls könnten die Brötchen zusammensacken. Sesam auf das Brötchen streuen.

4 AM GRILL

Den Grill auf 180 Grad vorheizen und eine indirekte Zone für die Grillplatte schaffen. In der indirekten Zone möglichst eine Erhöhung schaffen, damit die Hitze besser unter der Grillplatte zirkulieren kann. Unter die Erhöhung in der indirekten Zone eine Wasserschale stellen. Das gibt den Brioche-Brötchen zusätzlich Feuchtigkeit.

Grillplatte mit Backpapier auslegen und mit etwas Butter bestreichen. Die Brötchen mit ausreichend Abstand darauf verteilen und in der indirekten Zone 20 Minuten mit geschlossenen Deckel bei 180 Grad backen, bis die Oberfläche goldbraun ist. Auf einem Küchengitter auskühlen lassen.

GRILLMETHODE Indirekt bei 180 Grad auf der Grillplatte auf einer Erhöhung · Wasserschale für Feuchtigkeit · Garzeit: 20 Minuten

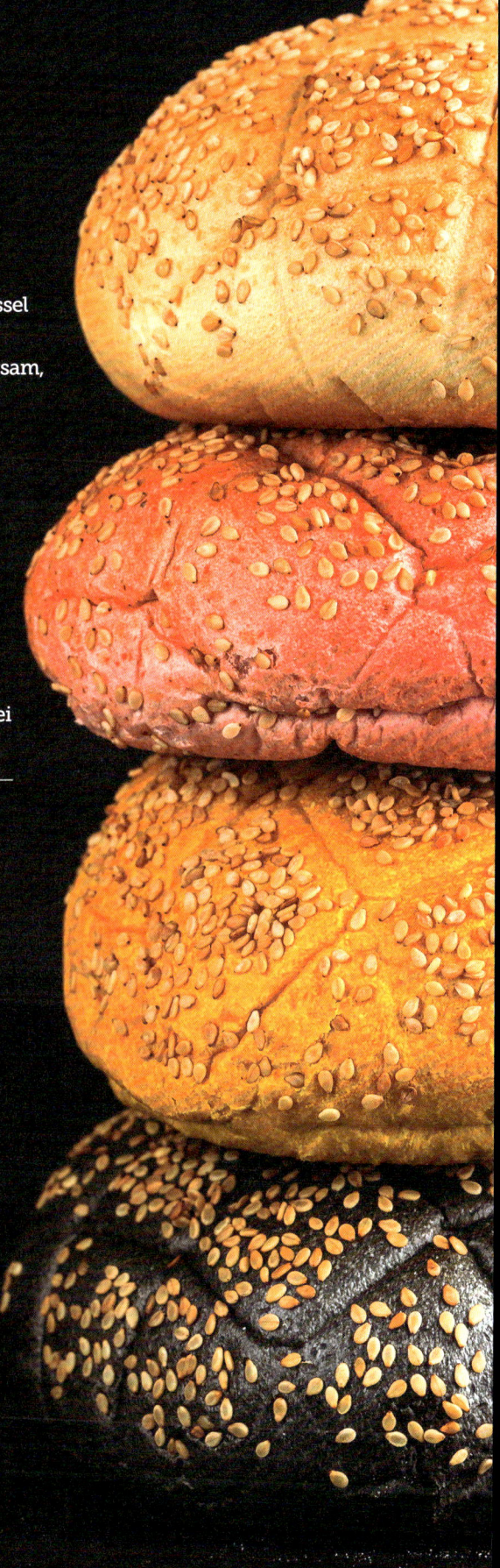

BUNTE BUNS

1 kg Mehl | **20 g** Salz | **20 g** Zucker | **50 g** Butter
1 Eigelb | **50 g** Hefe | **660 ml** Milch
Zum Einfärben: **10 g** Sepia-Tinte (färbt schwarz)
22 g Curcuma (für gelbe Buns) | **80 g** Rote Bete und
40 ml Wasser (für rote Buns)

Die Hälfte der Mehlmenge sowie die ganze Milch und Hefe in einer Schüssel vermengen und dieses 30 bis 45 Minuten stehen lassen.
Den Teig mit den restlichen Zutaten vermischen und sechs Minuten langsam, dann fünf Minuten schnell kneten bis sich der Teig von der Schüssel löst. Danach den Teig eine halbe Stunde ruhen lassen. Je nach gewünschter Bun-Größe die Teigstücke auf 30 bis 90 Gramm abwiegen. Die runden Teigstücke flach drücken. Leicht mit Wasser bestreichen und mit Sesam oder Kreuzkümmel bestreut für eine Stunde zugedeckt an einem feuchtwarmen Ort gehen lassen. Danach bei 230 Grad indirekter Hitze auf einem Pizzastein für etwa 10 bis 12 Minuten backen. Direkt nach dem Auflegen mit einer Sprühflasche Wasser in den Garraum sprühen und sofort den Deckel schließen.
Wer bunte Buns mag, mischt in den fertigen Teig Sepia (schwarz), Curcuma (gelb) oder Rote Bete und Wasser (rot). Danach den Teig nochmals zwei Minuten schnell kneten, sonst verändert sich seine Struktur.

HOT DOG BUNS

250 g Mehl, Type 405 | **75 g** Mehl, Type 550 | **75 ml** Wasser, lauwarm
25 ml Milch, lauwarm | **12 g** geschmolzene Butter | **1** Ei | **1** Eiweiß
10 g Hefe | **22 g** Zucker | **2 g** Salz

Hefe und Zucker zum lauwarmen Wasser und der lauwarmen Milch geben und aufschlämmen, also die Hefe auflösen. Im Anschluss das Mehl, Ei, weiche Butter und Salz hinzufügen und gründlich durchkneten. Den Teig 60 Minuten an einem warmen Ort gehen lassen.
Im Anschluss den Teig in 80- bis 90-Gramm-Stücke aufteilen und zu ovalen Buns formen. Auf einem Backblech mit Backpapier eine weitere Stunde gehen lassen. Den Grill auf 200 Grad mit einem Pizzastein vorheizen. Eiweiß und zehn Milliliter Wasser vermischen und die Buns damit bestreichen. Im vorgeheizten Grill auf einer indirekten Zone in etwa 16 Minuten goldgelb backen. Wenn Ihr den Grill anderweitig braucht: den Backofen auf 200 Grad Ober- und Unterhitze vorheizen. Die Hot-Dog-Buns wie oben bestreichen und binnen 16 Minuten goldgelb backen.

Für 4 Personen
Zubereiten: 30 Minuten
Vorbereitungszeit: 12 Stunden
Grillen: 25 + 5 Minuten
Indirekt bei 175 Grad
Direkt bei 250 Grad

SCHWARZWÄLDER
KIRSCH-EISTORTE

MIT IM GRILL GEBRÄUNTEM BAISER – FÜR KÖNNER

ZUTATEN

BISKUIT

100 g	Mehl
40 g	Kakao
50 g	Speisestärke
6	Eier
150 g	Zucker

KIRSCHEN

1 Glas	Schattenmorellen (720 g)
25 g	Speisestärke
50 g	Zucker

1000 ml	Schokoeis
50 ml	Kirschwasser
50 ml	Kirschsaft

BAISER

10	Eiweiße
150 g	Zucker

ZUBEHÖR
Hitzeschild

REZEPT Bart Mus

1 AM VORTAG

Für den Biskuit die Eier trennen. Eiweiß mit 50 Gramm Zucker steif schlagen. Mehl, 100 Gramm Zucker, Kakao und Speisestärke mischen und sieben. Eiweiß und Mehlmischung unter die verrührten Eigelbe heben. Die Springform mit Backpapier auslegen und den Teig hineinfüllen.

2 Den Grill für indirekte Hitze bei 175 Grad vorbereiten. Hitzeschild und Bratenrost indirekt in dem Grill platzieren und den Biskuit daraufstellen, 25 Minuten backen, bis der Kuchen gar ist (Stäbchenprobe!). Den fertig gebackenen Biskuit aus der Form auf ein Gitter stürzen und über Nacht unter einer Tortenhaube abkühlen lassen.

3 Die Springform säubern und mit Haushaltsfolie auslegen. Das Eis flach darauf verteilen und wieder einfrieren.

4 Die Kirschen abgießen, dabei 150 Milliliter Saft auffangen. Zwei Esslöffel davon mit Speisestärke und Zucker verrühren. Rest aufkochen und die angerührte Speisestärke hineinrühren, nochmals aufkochen und die Kirschen unterrühren. Nun vollständig abkühlen lassen.

5 ZWEI STUNDEN VOR DEM SERVIEREN

Das Eis aus der Springform nehmen und wieder einfrieren. Den ausgekühlten Biskuit waagerecht zweimal durchschneiden, sodass drei gleich dicke Tortenböden entstehen. Kirschwasser und Kirschsaft verrühren. Die Springform säubern und den Boden mit Trennspray oder Öl einfetten und den ersten Tortenboden hineingeben. Mit der Kirschwassermischung beträufeln und die Eisschicht darauf geben. Den zweiten Boden auflegen, beträufeln und wieder Kirschmischung draufgeben. Den dritten Boden drauflegen und beträufeln. Wieder einfrieren.

6 Die Eiweiße mit dem Zucker zu einem festen Baiser aufschlagen, den Rand von der Springform entfernen und den Kuchen rundherum mit dem Baiser einstreichen oder mit einem Spritzbeutel verzieren.

7 Den Grill für 250 Grad direkte Hitze vorbereiten. Die Aluschalen umgedreht direkt im Grill platzieren, den Kuchen daraufstellen und fünf Minuten grillen bis das Baiser schön gebräunt ist.

GRILLMETHODE Tortenboden: indirekt bei 175 Grad · Garzeit: 25 Minuten · Baiser: direkt bei 250 Grad · Garzeit: 25 Minuten

SCHOKOLADEN
LAVAKUCHEN

MIT FLÜSSIGEM KERN

ZUTATEN

5	Eier
75 g	Zucker
50 g	Mehl
300 g	Schokolade (Zartbitter)
125 g	Butter

REZEPT Stephan Zwikirsch

1 ZUBEREITUNG

Eier mit Zucker schaumig schlagen, bis die Masse weiß wird. Die Butter mit der Schokolade im Wasserbad schmelzen und etwas abkühlen lassen. Dann die Schokoladenbutter und das Mehl unterrühren.
Den Teig in vier passende feuerfeste, gebutterte und ausgemehlte oder ausgezuckerte Formen füllen.

2 AM GRILL

Den Grill für indirektes Grillen auf 160 Grad vorbereiten. Nun den Schokoladenkuchen in seinen Förmchen auf den Grill geben und je nach Förmchen etwa 10 bis 15 Minuten backen. Der Teig sollte oben drauf noch etwas glänzen. Wenn es so weit ist, direkt die Schalen rausholen und auf ein Teller stürzen. Eine Minuten stehen lassen und erst dann die Schale hochheben.

STEPHANS TIPP

Vanilleeis und frische Himbeeren passen perfekt zum Lavakuchen …

BLAUBEER
PFANNKUCHEN

MIT MANDELBLÄTTCHEN – FLUFFIG IM GRILL ZUBEREITET

ZUTATEN

PFANNKUCHEN

250 ml	Milch
160 g	Mehl
4	Eier, Größe M
50 g	Zucker
1	Prise Salz
½	Vanilleschote
30 g	Mandelblätter
100 g	Blaubeeren
25 g	Butter zum Grillen

ZUM ANRICHTEN

6 cl	Amaretto
40 g	Puderzucker

TAHITI-VANILLESAUCE

500 ml	Sahne
6	Eigelbe
100 g	Zucker
½	Vanilleschote

REZEPT Patrick Speck

① ZUBEREITUNG

Die Eier sorgsam trennen. Milch, Mehl, Eigelb, Salz und das ausgekratzte Mark der halben Vanilleschote mit einem Schneebesen zu einer Masse glatt rühren. Eiweiß und Zucker steif schlagen und unter den Teig heben.

② AM GRILL

Eine GBS-Pfanne oder ein Wok auf dem Grill auf der indirekten Zone mit Butter auf etwa 180 Grad erhitzen.
Die fluffige Pfannkuchenmasse in die Wok-Pfanne geben. Mandelblätter und Blaubeeren oben auf dem Teig verteilen und bei geschlossenem Deckel für etwa 20 bis 25 Minuten bei 180 Grad backen.

③ TAHITI VANILLESAUCE

Sahne, Vanilleschote und Zucker aufkochen. Die heiße Masse vorsichtig zu den Eigelben geben. Dabei darf kein Rührei entstehen. Die Sauce über einem Wasserbad zur Rose abziehen. Unter ständigem Rühren auf maximal 80 bis 85 Grad erhitzen. Die Sauce durch ein Sieb passieren und zum Blaubeerpfannkuchen servieren.

PATRICKS TIPP

Den Blaubeerpfannkuchen nach dem Backen mit Amaretto tränken und Puderzucker darüberstreuen. Dazu schmeckt die Tahiti-Vanillesauce.

FRANZÖSISCHE ZITRONENTARTE

MIT LECKEREM MÜRBTEIGBODEN

ZUTATEN

MÜRBTEIG

300 g	Mehl
1	Ei, Größe M
1	Eigelb
150 g	Butter
1 Prise	Salz
100 g	Zucker
20 g	Vanillezucker

BELAG

3	Eier
3	Bio-Zitronen
150 g	Zucker
150 g	Butter

ZUBEHÖR
Tarteform (28 cm)

REZEPT Bernhard Reiser

1 MÜRBTEIG

Alle Zutaten in eine Schüssel geben und vermengen. Dann zu einem Mürbteig kneten und diesen eine Stunde eingepackt im Kühlschrank ruhen lassen.

2 BELAG

Die Eier aufschlagen, dabei jeweils Eiweiß und Eigelb voneinander trennen. Drei Eigelbe mit Butter und Zucker schaumig schlagen. Die Zitronen auspressen und die Schale abreiben. Dann Zitronensaft und -abrieb der Eimasse zufügen. Das steif geschlagene Eiweiß unterheben. Den Teig ausrollen und eine Tarteform auskleiden. Jetzt die Zitronencreme darauf verteilen.

3 AM GRILL

Die Tarte im indirekten Bereich bei etwa 170 Grad mit geschlossenem Deckel für etwa 30 Minuten goldgelb backen.

BERNHARDS TIPP
Gegebenenfalls die Backzeit der Tarte verlängern, diese aber immer kontrollieren, da der Belag schnell dunkel wird.

GEGRILLTER BIRNENKUCHEN

MIT FEINEM PUDERZUCKERSTAUB

ZUTATEN

4	Birnen
150 g	Mehl
120 g	Zucker
125 g	Butter (Zimmertemperatur)
3	Eier, Größe M
1 Prise	Salz
1	Päckchen Vanillezucker
½	Päckchen Backpulver
10 g	Puderzucker

REZEPT Marco Stolze

ZUBEREITUNG

Die weiche Butter mit dem Zucker in eine Rührschüssel geben und verrühren. Anschließend Eier, Vanillezucker und das Backpulver dazugeben und nochmals gut verrühren. Nach und nach das Mehl in die Masse sieben, die Prise Salz dazu geben und verrühren. Eine Kuchenbackform oder Auflaufform mit Butter einfetten und die Teigmasse hineingeben. Die Birnen vierteln und jeweils den Strunk entfernen. Anschließend in Würfel schneiden und wild auf dem Kuchenteig verteilen.

AM GRILL

Den Grill auf indirektes Grillen mit 180 Grad vorbereiten. Den Kuchen für 25 Minuten in der indirekten Zone grillen. Den Kuchen abkühlen lassen, aus der Form nehmen und mit Puderzucker bestreuen.

MARCOS TIPP

Gegen Ende der Garzeit beim Grillen zwischendurch mit einem Holzspieß kontrollieren, ob der Kuchen fertig ist (Stäbchenprobe).

FEURIGER NUSSKUCHEN

MIT CHILI-SCHOKOLADEN-ÜBERZUG UND PFEFFER-ERDBEEREN

ZUTATEN

NUSSKUCHEN

6	Eier
1	Vanilleschote
200 g	Butter (Zimmertemperatur)
200 g	Zucker
100 g	geröstete Haselnüsse
100 g	geröstete Mandeln
50 g	geröstete Walnüsse
125 g	Mehl
8 g	Backpulver
4 g	Zimt
3 g	Salz

CHILI-SCHOKOLADENÜBERZUG

1	frische Chili
200 g	dunkle Schokolade
7 g	Chilipulver (z.B. Bhut Jolokia)
3 g	Chiliflocken

PFEFFER-ERDBEEREN

1	Limette
1	Vanilleschote
500 g	Erdbeeren
10-20 g	Honig (z.B. Akazien)
3-5 g	Tasmanischer Bergpfeffer

ZUBEHÖR

3	Wood Wraps

REZEPT Marcel Lange

1 ZUBEREITUNG

Zunächst mit einer Schere die Wood Wraps an eine Kastenform, wie man sie beim Kuchenbacken nimmt, von innen anpassen und diesen damit auskleiden. Den Grill für indirektes Grillen bei 140 bis 160 Grad vorbereiten.

2 Die Eier trennen und das Eiweiß steif aufschlagen. Die Vanille der Länge nach aufschneiden und das Mark herauskratzen. Nun mit einem Mixer Vanillemark, Butter, Zucker und Eigelb schaumig schlagen. Anschließend Nüsse, Mehl, Backpulver Zimt und Salz unter die Eigelbmasse rühren. Den Eischnee vorsichtig unterheben. Den Teig in die mit Wood Wraps ausgekleidete Form geben und etwa 60 bis 75 Minuten bei 140 bis 160 Grad backen. Stäbchenprobe!

3 In der Zwischenzeit den Grünansatz der Chili entfernen, die Schote der Länge nach halbieren, die Kerne herausnehmen und in feine Halbringe schneiden. Die Schokolade über dem Wasserbad schmelzen. Frische Chili und Chilipulver in die Schokolade rühren.

4 Nach dem Backen den Kuchen aus der Form nehmen und über einem Rost abkühlen lassen. Die Wood Wraps entfernen und die Schokolade über den Kuchen ziehen. Die Chiliflocken darauf verteilen und portionieren.

5 Limette waschen, Schale abreiben, halbieren und entsaften. Vanille der Länge nach aufschneiden und das Mark herauskratzen. Erdbeeren waschen und die Stiele entfernen, je nach Größe halbieren oder vierteln und bei Bedarf mit Honig süßen. Limettenschale und evtl. Saft dazugeben.
Den Pfeffer in einem Topf auf dem Seitenbrenner oder auf dem Herd bei mittlerer Hitze gleichmäßig rösten und noch warm im Mörser zerstoßen. Die Beeren mit dem Pfeffer nach Geschmack würzen und etwa 15 Minuten ziehen lassen.

FRENCH TOAST

MIT FRUCHTIGER WALDBEERENGRÜTZE

ZUTATEN

8	Scheiben Toastbrot
80 g	Nutella
300 ml	Sahne
4	Eier
60 g	brauner Zucker
etwas	Puderzucker
400 g	Waldbeerengrütze
	Butterschmalz

ZUBEHÖR

Grillplatte / Plancha

REZEPT Kai Menzenbach

1 ZUBEREITUNG

Die Toastbrotscheiben einseitig mit Nutella bestreichen.
In einer Schüssel die Sahne, die Eier und den braunen Zucker sehr gut verquirlen.

2

Die Brotscheiben zu Sandwiches zusammenlegen, sodass man vier Sandwiches erhält.
Die Brote in der Ei-Sahne-Zuckermischung einlegen und von beiden Seiten für etwa zwei Minuten einweichen lassen.

3 AM GRILL

Den Grill für direkte Hitze mit einer keramischen Grillplatte aufheizen (Garraumtemperatur 180 Grad).
Butterschmalz auf der Grillplatte zerlassen bis die Grillplatte mit Butterschmalz bedeckt ist und dann die Brote für etwa fünf Minuten von jeder Seite goldbraun grillen.

Nach dem Grillen die Sandwiches mit Puderzucker bestreuen und an einer Waldbeerengrütze warm servieren.

GRILLMETHODE Auf der Grillplatte / Plancha bei 180 Grad · Garzeit: 10 Minuten

WIENER
REISAUFLAUF

MIT FEINEN ÄPFELN AN HIMBEERMARK SERVIERT

ZUTATEN

750 ml	Milch
250 g	Rundkornreis
4 g	Vanillezucker
1 Prise	Salz
6	Eier
80 g	Butter
	Schale von einer Bio-Zitrone
80 g	Kristallzucker
40 g	Staub- bzw. Puderzucker
1 Prise	Salz
	Butter und Semmelbrösel
	für die Form
4	große Äpfel (Gala)
	Zimt und Zucker für die Äpfel
	Himbeermark

REZEPT Patrick Bayer

1 ZUBEREITUNG

Den Reis in einem Sieb solange mit klarem Wasser waschen, bis das Wasser klar ist. Milch, Reis, Salz und Vanillezucker in einem Topf aufkochen lassen und bei mäßiger Hitze 20 Minuten gar ziehen lassen. Danach bis zur Weiterverarbeitung kaltstellen.

2 Die Äpfel entkernen, blättrig schneiden und mit etwas Zucker, Zimt und Zitronensaft bestreuen.

Die Eier vorsichtig trennen. Butter, Zitronenzesten und Puderzucker schaumig schlagen und langsam die Eidotter dazugeben. Das Eiklar mit dem Kristallzucker steif schlagen.

Eine passende Auflaufform mit Butter und Bröseln ausstreichen. Den Milchreis mit der Butter-Ei-Masse mischen und anschließend den Eischnee vorsichtig unterheben. Nun die Hälfte der Reismasse in die Form leeren, die Apfelstückchen darüber verteilen und mit der restlichen Masse bedecken.

3 AM GRILL

Den Grill für indirekte Hitze bei 180 Grad vorbereiten. Den Auflauf für etwa 45 Minuten backen, bis er goldgelb gebacken ist. Portionieren, jedes Stück mit Staub- bzw. Puderzucker bestreuen und mit Himbeermark servieren.

SCHOKO-AMARETTINI-
PUDDING

KÖSTLICHES DESSERT – GANZ EINFACH ZUZUBEREITEN

ZUTATEN

230 g	Zucker
30 g	Wasser
350 g	Milch
4	Eier
15 g	Kakao
150 g	Amarettini

REZEPT Stefano Esposito

 ZUBEREITUNG

100 g Zucker und 30 g Wasser in einen Topf geben und auf großer Flamme hell karamellisieren. Anschließend in die dafür vorgesehenen, gut gebutterten Förmchen geben, die später auf den Grill kommen.

 Die Amarettini in einen Gefrierbeutel geben und mit einem Nudelholz oder einer Stielkasserole zerkleinern.
Eier und den restlichen Zucker schaumig schlagen, mit den anderen Zutaten sowie den zerkleinerten Amarettini gut vermischen und zu einer glatten Masse verrühren.

 AM GRILL

Die Masse auf vier kleine Auflaufformen (etwa 200 Milliliter) verteilen und im Grill bei geschlossenem Deckel mit indirekter Hitze bei 140 Grad etwa 35 bis 40 Minuten backen.

STEFANOS TIPP
Perfekt dazu passen frische Erdbeeren oder Himbeeren!

KIPFERLSCHMARREN
MIT WALDBEEREN

UND EINEM FEINEN ÜBERZUG AUS ZUCKER UND ZIMT

ZUTATEN

6	Kipferl vom Vortag (Briocheteig)
400 ml	Milch
150 g	Zucker
40 g	Butter
1 Prise	Salz
4	Eier, Größe L
2 g	Zimt
250 g	Waldbeeren, gemischt
40 g	„Sermo Zucker" von cookandgrill oder Staubzucker
2 g	Zimt

ZUBEHÖR
Alu-Tropfschale oder Hitzeschild

REZEPT Marcel Ksoll

1 ZUBEREITUNG
Kipferl in Scheiben schneiden und in eine Schüssel geben. Milch leicht erwärmen, dann Eier, Salz und 120 g Zucker einrühren und über die Kipferl gießen. 20 Minuten stehen lassen, bis sich die Scheiben mit der Eiermilch vollgesogen haben.

2 AM GRILL
Den Grill für indirektes Grillen bei 180 Grad vorbereiten, eine Alu-Tropfschale zum Entkoppeln verkehrt herum auflegen (siehe Foto). Eine feuerfeste Auflaufform mit Butter ausstreichen und die Masse einfüllen. Die Auflaufform auf die Alu-Tropfschale stellen und 30 Minuten backen.

3
Die restlichen 30 Gramm Zucker mit Zimt vermengen. Jetzt die Waldbeeren gleichmäßig auf dem Auflauf verteilen, den Zimtzucker darüber streuen und dann weitere 15 bis 20 Minuten grillen.

Nach der Backzeit mit Puderzucker garniert servieren.

MARCELS TIPP
Auch in kleineren Grills gelingt dieses Dessert sehr einfach, wenn man bei keiner oder nur kleiner indirekten Zone einen Hitzeschild oder eine Alu-Abtropfschale einsetzt.

GRILLMETHODE Indirekt bei 180 Grad · Garzeit: 30 + 20 Minuten

Für 4 Personen
Zubereiten: 50 Minuten
Kaltstellen: 2 Stunden
Grillen: 15–20 Minuten
Direkt bei 250 Grad
Indirekt bei 200 Grad

SCHOKOKUCHEN
IM WOOD WRAP

MIT GEGRILLTEM PFIRSICH UND MASCARPONE-CREME

ZUTATEN

SCHOKOLADENKUCHEN

45 g	Butter
50 g	Zartbitterkuvertüre
60 g	Zucker
2	Eier, Größe M
20 g	Mehl
50 g	Butterkekse
70 g	Butter
20 g	Zucker

PFIRSICH

2	Pfirsiche
80 g	Honig
8	Zweige Thymian
40 g	Butter
4	Backpapierstücke 25 x 25 cm

MASCARPONE-CREME

250 g	Mascarpone
50 g	Zucker
1	Vanilleschote
½	Bio-Zitrone, nur die Schale

ZUBEHÖR

2	Wood Wraps – 60 Min. in Wasser eingelegt
4	Holzklammern/Büroklammern ohne Plastik
4	Backpapierstücke 10 x 10cm

REZEPT Tobias Walker

 SCHOKOLADENKUCHEN

Butter und Zartbitterkuvertüre über dem Wasserbad schmelzen und handwarm abkühlen lassen. Die Eier in eine Schüssel schlagen und mit 60 g Zucker für zehn Minuten schaumig schlagen. Mehl und Schokoladenmasse zum geschlagenen Ei geben und alles nochmals 2–3 Minuten unterrühren. Die Masse zwei Stunden kalt stellen.

 Die Butterkekse in einer Schüssel zerbröseln und mit 50 Gramm geschmolzener Butter vermengen. Die Wood Wraps mit der Faser halbieren, mit der restlichen Butter bestreichen und mit dem Zucker bestreuen. Die Wraps zu einem Zylinder aufrollen und mit der Holz- oder Büroklammer fixieren.

 Nun die Zylinder auf ein Stück Backpapier stellen und mit den Keksbröseln gleichmäßig befüllen. Den Keksboden andrücken und das Backpapier außen hochschlagen und verknüllen. Die Schokoladenkuchenmasse in die Zylinder füllen.

 PFIRSICH

Die Pfirsiche halbieren und den Stein entfernen. Die Pfirsichhälften mit der Schnittfläche bei 250 Grad direkter Hitze auf den Grillrost legen und für zwei bis drei Minuten kräftig angrillen, sodass ein Branding entsteht. Nun die Pfirsichhälften vom Grill nehmen und diesen auf 200 Grad indirekte Hitze umrüsten.
Je eine Pfirsichhälfte auf ein Stück Backpapier legen, die Schnittfläche mit dem Honig bestreichen und mit den Thymianzweigen und einem Stück Butter belegen. Die Ecken des Backpapiers hochklappen und miteinander verdrehen, so dass der Pfirsich verschlossen wird.

 Pfirsiche und Schokoladenkuchen in die indirekte Zone des Grills stellen und für acht bis zehn Minuten grillen.

 MASCARPONECREME

Das Mark der Vanillestange mit dem Zucker und der Mascarpone vermengen und mit der Zitronenschale bestreuen.

 Die Pfirsiche aus dem Backpapier nehmen, mit der Mascarpone-Creme zusammen anrichten und mit dem Schokokuchen genießen.

HALL OF FLAME

FEUER UND FLAMME! DIESE ZWEI FRAUEN UND 19 MÄNNER HABEN SICH UM DIE GRILLKULTUR IN DEUTSCHLAND UND ÖSTERREICH BESONDERS VERDIENT GEMACHT. DAHER SIND SIE IN UNSERER HALL OF FLAME UND UNSERE GRILLMEISTER IN DIESEM BUCH!

PATRICK BAYER

16.12.1992 · Pulled-Pork-Weltmeister 2017

Kompromisse sind nicht sein Ding, wenn es ums Grillen geht. Patrick Bayer sagt ganz klar, was er denkt. Zum Beispiel: „Gas ist was für die Faulen und Intelligenten." Er dagegen ist Holzkohlegriller durch und durch. Auf einen bestimmten Holzkohlegrill legt er sich dabei aber nicht fest.

Für den Weltmeister von 2017 (Gold in der Kategorie Pulled Pork) ist Abwechslung beim Grillen wichtig. Es muss nicht immer Fleisch sein. „Spaß musst Du bei der Sache aber wirklich immer haben", sagt er. „Wenn Du keine Lust hast, gelingt Dir das Gericht auch nicht." Bei seiner Rezeptauswahl waren ihm, der seit 2018 bei Geschäftsführer Matthias Fuchs in Wien am Rost steht, unter anderem Regionalität und Heimatbezug wichtig: „Die Gerichte funktionieren einfach und gelingen gut, ohne Schnickschnack und endloses Einkaufen. Die Zutaten dafür kann man alle aus der Region schöpfen."

Vor seiner Grillkarriere in Wien war Patrick Küchenchef von Adi Bittermanns Restaurant & Vinothek *Bittermann Vinarium* in Göttlesbrunn. Schon in seiner Ausbildung dort hatte er 2011 den Zauberlehrling-Award der NÖ Wirtshauskultur gewonnen.

Weber Original Store & Weber Grill Academy · Wien · www.grillco.at · wien@grillco.at

CARSTEN DORHS

20.04.1969 · Sterneküche und TV

Carsten Dorhs ist kein Schönwettergriller. Der Mann kommt aus der gehobenen Gastronomie, hat auf der *Bühler Höhe* gearbeitet, im Hotel *Résidence* in Essen und in weiteren Sterneküchen in ganz Deutschland. Gutes Essen nimmt er ernst. Trotzdem steht auch Spaß weit oben auf der Liste von Carsten und seinen drei Grillmeistern von la cucina in Remagen. „Wir verkaufen den Leuten einen schönen Tag", sagt er und erzählt weiter: „Die Leute sagen: Carsten erklärt's so, dass ich es mir merken kann." Ihm schauen die Leute eben gern über die Schulter – daher sieht man Carsten auch bei unzähligen Auftritten in Fernsehformaten wie Kochduell oder Kochstars. Carsten provoziert bewusst, wenn er den Elektrogrill gleichberechtigt neben Holzkohle und Gas stellt. An Holzkohle gefällt ihm: „Das ist männlich", und an Gas: „Gut für den Quickie." Eine gute Kombination für ihn: „der Summit Charcoal". Zum Grillen kam Carsten durch Gerhard Volk. Der überredete den Spitzenkoch – das war rund 13 Jahre, bevor sie zusammen in diesem Buch stehen sollten. Heute ist er seinem Kumpel dafür dankbar. Über seine Rezepte sagt Carsten: „Ich verwende gern gewöhnliche Zutaten und verleihe ihnen durch Gewürze einen asiatischen Touch." Ihn selbst macht man übrigens glücklich, wenn man ein gutes Focaccia auf den Grill legt und es mit Dipp und einem Weißwein serviert.

la cucina · Remagen · www.dorhs.de · mail@carsten-dorhs.de

STEFANO ESPOSITO

29.05.1968 · Der Burger-Chef

Wer ihn kennt, wird sich hüten, sich beim nächsten Besuch im Schnellrestaurant eine Burger-Krone aufs Haupt zu setzen. Denn wenn es eine echte gäbe, dann gebührte sie doch wohl ihm. Stefano haut in Born to Grill so richtig rein mit seinen Burger-Rezepten. Darum haben ihn die Herausgeber Ulf Tietge und Gerhard Volk auch ausdrücklich gebeten. Beide schwärmen von den Burgern des Eventgrillers, seit sie den einen oder anderen davon probiert haben. Umgekehrt gibt Stefano an, das Lachs-Camembert-Sandwich nach Gerhards Rezept aus dem Weber-Basic-Kurs jeden Tag essen zu können, aber das nur am Rande... Stefano und seine Grillmeister-Kollegen grillen auf Firmenevents und Infotainmentabenden für bis zu 1500 Personen. Eine Nummer kleiner geht in den Grillkursen. Neben traditionellen Abenden haben die Jungs Genusstreffen wie den „Beefsky Herrenabend" im Angebot, in dessen Rahmen sie Dry aged Beef aus dem Rinderrücken zerlegen und anschließend vor den Augen ihrer Whisky verkostenden Gäste zubereiten. Als Konditor, Hotelfachmann und Koch versteht Stefano eben etwas von Genuss. Insgesamt sind es um die 450 Grillevents im Jahr. „Alle geleitet von handgeschnitzten, bärtigen Typen wie mir", sagt Stefano und grinst. Holzkohle oder Gas ist für Stefano übrigens keine Glaubensfrage: „Zu Hause grille ich normalerweise fix mit Gas. Wenn Besuch da ist, brennt immer noch ein Holzkohlegrill."

Grill-on-Fire · Badenweiler · www.grill-on-fire.de · info@grill-on-fire.de

TOBIAS WALKER

29.04.1988 · vom Sternekoch zum Grillstar

Bei ihm ist der Geschmack daheim. Im Gebäude von Tobias Walkers Grillakademie in Reutlingen war früher eine Färberei. Heute steht die *Alte Färberei* für „Grillen im Industrieloft", wie es der Hausherr gern sagt. Seine Gäste lieben diesen Ort als Grillschule wie als Eventlocation. Es soll schon vorgekommen sein, dass Frauen ihre Zukünftigen zu einem Grill-kurs in der *Alten Färberei* geschickt haben, um diese wenig später selbst im Brautkleid zu betreten ...

Für Toby bedeutet Grillen vor allem eines: Gemein-schaftserlebnis. Kein Wunder – zum professionel-len Grillen kam der damalige Restaurantchef über eine Grillparty, die er auf Wunsch eines Stammgasts schmiss. „Grillen verbindet", sagt er. „Leute finden in meinen Kursen beste Freunde und halten den Kon-takt über hunderte von Kilometern." Ähnlich geht es ihm selbst mit Grillkollege und Lieblingskonkur-rent Marco Korte aus Oyten. Die beiden pflegen ihre

Freundschaft, indem sie sich gegenseitig auf den Arm nehmen, dass die Lachmuskeln beben.

Toby hat sein Handwerk in der Sternegastronomie gelernt und war Küchenchef in einem Vier-Sterne-Hotel. Danach machte er sich mit Restaurant und BBQ-Catering selbstständig. Seit 2013 arbeitet er für Weber, hat die Grillakademie im Store Berlin aufge-baut und war in der Welt unterwegs. Seit 2017 hat er seine eigene Grillschule. Freundin Thessy macht das Büro, ein Supporter-Team hilft in der Schule. Neben den üblichen Grillkursen gibt es in der *Alten Färberei* die „BarBQ Kurse", die auf die Kombi aus Grillkurs und bestens befüllter Bar bauen.

18 Grills glühen in Reutlingen. „Jeder davon hat seinen Charme", findet er. „Wenn ich mich aber für einen entscheiden müsste, dann wäre das der Ge-nesis E-330." Mit seinen Rezepten im Buch möchte Toby klassische BBQ-Rezepte neu interpretieren.

Alte Färberei · Reutlingen · www.faerberei-reutlingen.de · info@faerberei-reutlingen.de

MARCO KORTE

24.09.1977 · Künstler und Sammler

Oldtimer kann man nicht nur fahren. Nein, man kann auch mit ihnen grillen. Wer wüsste das besser als Marco Korte? Denn er und seine Frau Birte haben eine unglaubliche Sammlung an Weber-Oldtimern und Sondermodellen – darunter einen Kugelgrill von 1961, den ersten Genesis von 1985, einen Bugatti-verspiegelten Smoker und ein Modell im Minion-Design. Den versucht Kumpel Tobias Walker immer unbemerkt mitgehen zu lassen, bisher aber erfolglos ...

Im größten Weber Store Norddeutschlands, in dessen Hallen Marco schon Chris Stephen von Weber-Stephen Products empfangen hat, gibt es einfach alles – bei tausend Quadratmetern muss nur erst einmal einer wissen, wo es steht. Marco hat diesen Überblick, wie im Store so auch in der Akademie. Seinen Schülern steht outdoor ein Iglu voller Grills bereit. „Prinzipiell kannst Du mit allem grillen", sagt der Meister. „Von der dreibeinigen Opferschale bis zum High-End-Modell. Wir Griller sind aber einfach Freaks und lieben, womit wir arbeiten." Nie verzichten würde der Grillgerät-Krösus dabei auf seinen Genesis E-330. „Damit grill ich Dir alles! Einzige Bedingung: Fleisch muss dabei sein." Marcos Rezepte in Born to Grill versteht er als Aufforderung: „Ich habe es bewusst simpel gehalten und Rezepte gewählt, die der Leser einfach nachgrillen muss." Verkünsteln müsst Ihr Euch also nicht. Dabei ist die Kombination aus Kunst und Genuss genau Marcos Ding: Zuerst war er Koch, dann Steinsetzer im Kunsthandwerk, jetzt ist er kreativer Kopf am Grill.

Weber Store Oyten | Grillfeuer BBQ · Oyten · www.weber-store-oyten.de · info@grillfeuer-bbq.de

BÄRBL HASENÖHRL

16.07.1968 · Lehrerin am Grill

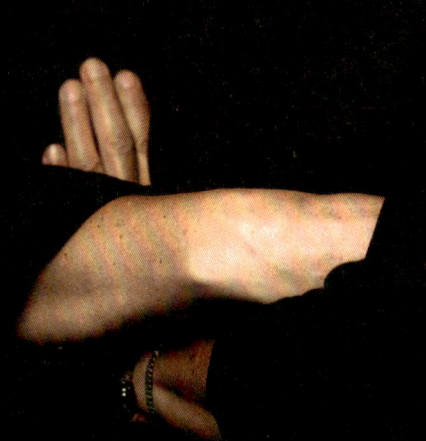

Noch immer wundern sich Kerle, wenn sie hören, dass ihre Kumpels bei einer Frau im Grillkurs waren. Viel mehr würden sie sich allerdings wundern, wenn sie wüssten, woher diese Frau das so gut kann. Denn Bärbl Hasenöhrl vom riesigen, denkmalgeschützten Hasenöhrl-Hof in Oberbayern hat das Grillen von ihrer Oma gelernt. Bei ihr kam sie zumindest zum ersten Mal mit dem Grillen in Kontakt, als Oma die Kochringe ausgehängt und einen Rost auf den Holzofen gelegt hat ...
Hochrippe Dry aged könnte bei ihr gern jeden Tag auf den Grill. Die Gabe, anderen Dinge beizubringen, kommt bei Bärbl nicht von ungefähr: Bevor sie den Hof führte, war sie Lehrerin, Schwerpunkt: Hauswirtschaft. Dann kam ihr Mann, gemeinsam wagten sie sich an die Restaurierung vom Hasenöhrl-Hof aus dem Jahr 1516 und entsprechend traditionsverliebt hat sie auch ihre Rezepte für unser Buch ausgewählt: „Oft werden alte Rezepte vergessen. Ich will sie aufgreifen und verfeinern. Außerdem kochen wir in der Grillakademie wie auf dem Hof immer saisonal und regional."
In der professionellen Restaurantküche des mehr als 40 Mitarbeiter starken Betriebs (ausgelegt für bis zu 2500 Gäste) steht sie nicht mehr selbst am Herd. Dafür abends und wochenends am Grill oder dem Holzofen mit Gästen. Eine wichtige Lektion dabei ist: „Einfach ist oft mehr."

Hasenöhrl-Hof · Bayrischzell · www.hasenoehrl.de/grillacademy · info@hasenoehrl.de

MARCEL KSOLL

23.02.1974 · Drittplatzierter WM 2017

Bei Marcel grillen lernen heißt richtig lernen. Der Mann kommt immerhin aus der Erwachsenenbildung, ist staatlich zertifizierter Fachtrainer und hat als Koch „schon immer" gegrillt. „Im Jugendalter waren das noch die Feuerwehrübungen am Grill, die Einstiegsdroge waren damals Nackensteaks." Spätestens seit Weber und dem Jahr 2016 hat sich das geändert. Marcel grillt in seiner Grillakademie auf einem ganz anderen Niveau. Und: „Vegetarisch oder nicht ist bei mir kein Streitthema, deshalb glühe ich auch für unsere Kürbis-Cannelloni!" Kräftiges Fleisch darf es bei Marcel aber nach wie vor sein: „Saftige Koteletts könnte ich wirklich jeden Tag grillen. Aber kein Carpaccio, ich meine die Dreiviertelkilo-Brocken." Am liebsten geht Marcel dafür zurück zur Holzkohle, sein Lieblingsgrill ist der Summit Charcoal.
In seiner Rezeptauswahl findet Ihr die Kipfelschmarren, weil sie Marcel an seine Zeit als Koch erinnern. „Das geht auch auf dem Grill", dachte er sich. Das Duroc-Fleisch ist dabei, weil Marcel sich auf dieses besondere Schweinefleisch spezialisiert hat: „Ich habe meine eigene Gewürzlinie dazu entwickelt und will Duroc perfektionieren."

Weber Original Store & Weber Grill Academy · Marchtrenk · www.grillco.at · office@grillco.at

MARCEL LANGE

22.05.1988 · Der Jäger und Sammler

„Ich bin ein Jäger und Sammler von außergewöhnlichem Geschmack", sagt Marcel Lange. Ja, und er ist ein guter Entertainer, wenn er die Grillzange vor Publikum schwingt. Zuallererst ist Marcel aber ein ausgezeichneter Koch. Und er findet: „Interessiert man sich für gute Küche, kommt man am Grillen nicht vorbei. Grillen ist nun mal das älteste Kochen der Welt."

Marcels Kochmal Group wuchs seit 2012 aus der Region Braunschweig heraus – „als kulinarischer Dienstleister", wie es Marcel formuliert, mit aktuell sieben Standorten plus professionellem „Küche auf Rollen"-Verleih. In Kursen und Seminaren legen der Chef und sein Team zudem besonderen Wert auf den persönlichen Draht zu ihren Gästen.

Was den Grill betrifft, findet Marcel: „Kennst Du dein Grillgerät – welches es auch sei – eröffnen sich Dir neue kulinarische Möglichkeiten. Du kannst Gerichte grillen, die Du eher vom Herd oder aus dem Backofen kennst und außerdem Abgefahreneres ausprobieren."

Mit seinen Rezepten in Born to Grill will der Niedersachse die kulinarischen Vorzüge seiner niedersächsischen Heimat einfangen, die eben viel mehr zu bieten hat als Spargel und Grünkohl. „Außerdem möchte ich Euch die Option geben, die Rezepte zu einem raffinierten Menü zu kombinieren."

Kochmal Group · Braunschweig · www.kochmal.com · info@kochmal.com

KAI MENZENBACH

29.03.1973 · Quereinsteiger und Vollprofi

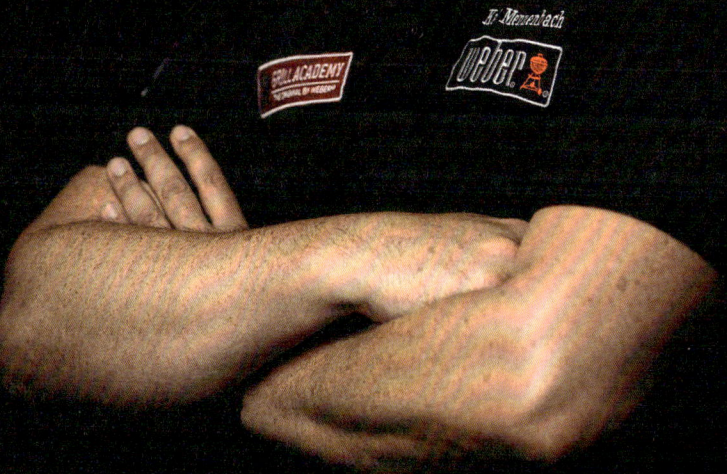

Kai Menzenbach fällt auf zwischen all den Kollegen mit Kochmütze. Nicht über den Kochberuf, sondern über den Handel hat er zum Grillen gefunden. Aus dem Store-Besitzer wurde der Grillmeister, und davor der Grillhändler aus dem Banker.

An der Schnittstelle von Grill und Handel fühlt sich Kai seither pudelwohl. Sein Unternehmen verkauft viel übers Internet, führt den Weber Original Store Gründau als Kompetenzzentrum für die Marke Weber und bringt seit 2007 mit der Grillakademie ihre Schüler auf Stand. Und auch im Radio gibt er wertvolle Tipps: Seit 2010 ist Kai offizieller Grillmeister bei hr3 und ruft zu spannenden Höreraktionen auf, ganz wie der Lafer bei SWR 3 …

„Im Store bieten wir das maximale Markenerlebnis", sagt Kai und erzählt von der Kettlebar nach dem Vorbild aus amerikanischen Weber Grill Restau-

rants, an die 20 Mann passen. Hier wie unterwegs hat er schon verschiedenste Promis bekocht – von bekannten Politikern bis hin zur Inhaberfamilie von Weber.

Kai ist eigentlich Kohlegriller, setzt für daheim auf den Summit Charcoal. Zum Lieblingsgrill hat er trotzdem den Gasgrill Go Anywhere erkoren: „Damit geht's einfach so flott, immer und überall."

Kai ist außerdem erklärter Beilagenfan. „Ich finde es schade, wenn Leute Gemüse immer so abtun", sagt er. „Dabei ist das 'ne spannende Sache, genauso wie Salate." Die dürfen bei ihm gern auch ganz oldschool sein, verrät er noch. Auf was Kai nicht so steht, das ist allzu Exotisch-Ausgefallenes auf dem Grill: „Strauß oder Krokodil müssen bei uns doch wirklich nicht auf den Rost. Ich finde: Vielfalt geht auch anders."

Weststyle/Weber Original Store Gründau · Gründau · www.weststyle.de · kai.menzenbach@bbqstores.de

BART MUS

07.03.1958 · Der Allesgriller

Wem könnte man es eher abnehmen, dass Elektrogrills eine echte Alternative sind, als diesem Hardcore-Griller? Bart Mus braucht nicht viel zu einem guten Stück Fleisch – vielleicht noch ein zweites, oder ein drittes ... „Und immer Kartoffeln", sagt der aus Belgien stammende Ingelheimer. „Kartoffeln und Soße, aber Gemüse brauche ich nicht so viel." Gelernt hat Bart in Belgien. Nach drei Jahren Kochschule fand er seinen Platz im Restaurant *Bachten de Kupe* mit einem Michelin-Stern.

Nun zur Frage des Grillgeräts. Bart meint: „Ich habe an allem Spaß und alles funktioniert – ob Holzkohle, Gas oder Elektro." Barts Schule ist eine reine Grill-akademie mit Kursen und Seminaren für Hobbygriller wie für Firmen. Gegrillt wird im 500 Jahre alten Kloster Engelthal. Das Akademiegebäude ist komplett aus Holz und Glas. „Hier herrscht ein besonderes Draußen-Gefühl", sagt Bart.

Und er hat einen besonderen Anspruch: „Ich will jedes Essen, das ich in rund 40 Jahren Gastro kennengelernt habe, auf dem Grill machen. Bis jetzt hat alles funktioniert – sogar die Milchschnitte: einfach einfrieren und von beiden Seiten kurz grillen. Ich schmeiß' eben wirklich alles auf den Grill." Für Born to Grill hat Bart seine Lieblingsrezepte ausgewählt: „Die, die meinen Gästen am besten schmecken."

Weber Grill Academy im Kloster Engelthal · Ingelheim · www.weber.com · bmus@weberstephen.com

BERNHARD REISER

23.01.1966 · Unser Ernährungsexperte

Was sucht ein Schickimicki-Koch im Grillbuch? Der Reiser kann uns die Frage beantworten. In seinem Kochbuch nennt er sich nämlich selbst so: „Der Schickimicki Koch". Seit er vor Jahrzehnten zum Kochlöffel griff, weiß Bernhard, dass die Möglichkeiten des Grillens unbegrenzt sind: „Ich suche immer nach neuen Ideen. Der Grill bietet mir tausend Optionen." Zudem stellt er fest: „Die ganze Welt grillt. Du kannst hinfliegen, wo Du willst – es wird gegrillt." Seine Grillakademie führt der Sternekoch seit 2008. Zusammen mit Restaurant und Catering bildet sie das Unternehmen Reisers Genussmanufaktur. Darin arbeiten 50 Mitarbeiter und zwölf Kochlehrlinge in und um Würzburg. Bernhard ist zudem Ernährungscoach für Leistungssportler und Krebskranke. Bereits im Jahr 2006 wurde er als Dozent für den Studiengang B.A. Kulinaristik und Food Management aufgenommen. Die Sportler des Skizentrums in Stams in Tirol vertrauen seinen Rezepten und auch die deutschen Fußballfrauen aßen sechs Jahre lang strikt nach Reiser. Gault&Millau zeichnete all das als Kochschule des Jahres 2017 aus.

Bernhard grillt am liebsten mit Smoker oder Holzkohle, sein Lieblingsmodell: der Summit Charcoal. Warum genau die Gerichte? „Sie zeigen viel Handwerk und sind trotzdem einfach. Grillen ist Vielfalt."

Reisers Genussmanufaktur · Würzburg · www.der-reiser.de · mail@der-reiser.de

CHRISTIAN ROHDE

22.05.1962 · Grilling me softly

Grillen geht auch ganz sanft. Und für Christian Rohde ist das mehr als das Vermeiden von Stichflammen oder unkontrollierter Höllenhitze. „Ich stehe auf und für die Sous-vide-Art zu grillen." In der Grillakademie zu seinem *Hotel An der Wasserburg* in Wolfsburg grillt der Meister mit seinen zwei Kollegen am liebsten ganz sutsche (plattdeutsch für entspannt, gemütlich): „Mit dezenter Power auf Dauer grillen", lautet das Motto. Und das ist echte Überzeugung, nicht nur Werbespruch. Höchstens das Steak kommt nach dem Garen noch kurz auf den Beefer. Auch an seinem Lieblingsgrill, dem Hybridbrenner Summit Charcoal, schätzt Christian insbesondere das: „Damit kannst Du sehr schön und lange grillen und es ist effizient."

Zum Fleisch dazu gehört auf Christians Teller immer und auf jeden Fall etwas Frisches, Kühles. „Ein anständiger Salat. Und sehr gern Brot." Auf dem Grill selbst geht alles, sagt Christian: „Auch was mir normal nicht schmeckt: Wenn es vom Grill kommt, mundet es garantiert. Man muss nur wissen wie." An seinen Gästen beobachtet Christian einen Trend ganz genau: „Die Leute werden auch beim Grillen bewusster."

Hotel An der Wasserburg · Wolfsburg · www.an-der-wasserburg.de · info@an-der-wasserburg.de

SILVIA BURSCHE

01. 10.1965 · Berliner Rakete

Woher Silvia Bursche weiß, wie gutes Essen aussehen muss? Na, ganz einfach: Silvia ist Fotografin. Woher sie weiß, wie gutes Essen schmeckt? Genauso klar: Seit 2009 ist sie Grillmeisterin mit Weber-Aufnäher auf der Kochjacke. Und auf ihren Lieblingsgrill lässt sie nach wie vor nichts kommen: „Der alte Genesis – von ihm bin ich bis heute ein großer Fan und mit ihm hab' ich angefangen." Auf dem Grill hat Silvia schon unzählige Rezepte ausprobiert und kreiert. Ins Born to Grill haben es davon ein paar besondere geschafft: „Sie sind lecker, einfach und passen perfekt zum Multikulti in Berlin." Die Kreuzberger Rakete etwa ist Silvias Berliner Interpretation des türkischen Klassikers Lahmacun. Eine gelernte Vertriebsmanagerin im Lebensmittelgrosshandel ist eben immer auf der Jagd nach den besten Ideen.

Silvias Koch- und Grillakademie besteht aus sechs grillbegeisterten Mitarbeitern, davon führen neben Silvia zwei weitere Grillmeister die Zange. Einer davon ist Justus Wilms. Mit ihm leitet Silvia die Schule und verspricht: „Mit Humor und Leidenschaft kocht es sich einfach besser!"

Lecker Leben · Berlin · www.kochschule.berlin · info@kochschule.berlin

STEFAN SCHNEIDER

26.11.1983 · Der Gourmet

Was grillt Stefan Schneider am liebsten? Natürlich das beste Fleisch der Welt. Denn das ist es, was ihm zufolge die Kochschule und Grillakademie von Otto Gourmet auszeichnet, in der er Küchenchef ist. Das bedeutet aber nicht, dass auf Stefans Grill nur Platz für Fleisch wäre. Nein. „Zucchini", antwortet er, als wir fragen, was er 365 Tage im Jahr grillen könnte. „Dazu Burrata und Balsamico. Ein Traum." Immer dazu gehört für Stefan außerdem ein echtes Sylter Ciabatta, das er bei seinem Arbeitgeber im Lager findet. „Und Aioli", sagt er und lacht.

Zur Koch- und Grillschule in Heinsberg gehören zehn Köche, davon sind fünf auch ausgebildete Grillmeister und geben mit dem Küchenchef zusammen Grillkurse. Weitere fünf Mitarbeiter sorgen im Hintergrund dafür, dass alles läuft. Bei der Grillfrage greift der Küchenchef am liebsten zu einem Big Green Egg. „Der ist einfach perfekt für einen tollen Grillabend. Die Wärme hält lang und lässt sich super regulieren." Für den schnellen Einsatz ist er Fan vom Genesis E-320.

Stefan ist ein absoluter Profi, hat in Sterneküchen wie dem *Vendôme* in Bensberg gearbeitet. „Das richtige Grillen" auf Profiniveau habe er aber erst 2014 mit der Grillakademie bei Otto Gourmet für sich entdeckt. „Obwohl ich schon immer gern am Rost stand", erinnert er sich.

Seither hat er mit Fernsehkoch Nelson Müller und Lucki Maurer gegrillt. Mit seinen Rezepten für Born to Grill will er aber nicht Kollegen erreichen, sondern die Otto-Normal-Griller: „Die Rezepte sind einfach nachzukochen", sagt Stefan und ergänzt einen weiteren Punkt: „Es sind die Dinge, die ich momentan sehr gern esse. Lasst es Euch schmecken."

Otto Gourmet · Heinsberg · www.otto-gourmet.de · events@otto-gourmet.de

MIRKO SCHWEIGER

29.01.1971 · Certified Barbeque Judge

„Mirko ist ein Profi, der sich das Feuer eines Hobby-grillers bewahrt hat." So beschreibt ihn sein Chef Stefan Denzlinger von der S-Kultur in Ansbach und jeder schmeckt bei Mirkos Kursen, dass der Stefan eben recht hat. Mirko ist Grillmeister in der Grillaka-demie zum Weber Store Ansbach, der wiederum zu Stefans Haushaltswarengeschäft S-Kultur gehört. 2019 startete mit ihm der erste Weber Store Süd-deutschlands.

Mirkos Grillkarriere startete rund 15 Jahre zuvor. Als gelernter Koch nahm Mirko selbst an einem Grillkurs teil. Der wurde nur leider nicht besonders fachkundig und liebevoll geführt. Mirko war zuerst enttäuscht und dann dachte er sich: „Das kann ich besser." Seither stellt er das unter Beweis – gerne

mit der „eierlegenden Wollmilchsau: dem Summit Charcoal". Wenn er mit Stefan zusammen grillt, dann gern an der OFYR-Feuerplatte – „ein unver-gleichliches, kommunikatives Erlebnis", sagt das Duo, „das Fondue für Griller". Ob an der Feuerplatte oder am Summit – eins kann Mirko nicht ab: „Wenn Menschen mit 'ner Kippe im Mund grillen ..." Das sehe man viel zu oft, sagt Mirko, der Grillbeziehun-gen über den großen Teich hinweg unterhält und Certified Barbeque Judge der Kansas City Barbeque Society (KCBS) ist.

Klischee-BBQ ist nicht seine Welt: Mirko will mit sei-nen Rezepten verblüffen. „Meine Gerichte bestehen aus wenigen, hochwertigen Zutaten und stellen die Aromen des Grundprodukts in den Vordergrund."

S-Zimmer · Ansbach · www.s-zimmer.de · info@s-zimmer.de

PATRICK SPECK

08.09.1981 · Der Selfmade-Grillstar

Einen Stern zu haben, war sein Traum. Nicht einfach an einem mitzuarbeiten, wie es der Hotelfachmann und Koch in seinen vorherigen – durchweg hochkarätigen – Stationen wie dem Hotel *Résidence* in Essen als Chef de Partie und als Souschef getan hat. Nein, Patrick Speck wollte es selbst als Küchenchef schaffen. 2014 im Restaurant *Rincklake's* der *Hotel-Residence Klosterpforte* in Marienfeld war es soweit. Und das nach nur zehn Monaten. Für diese außergewöhnliche Leistung wurde er zum Aufsteiger des Jahres gekürt.

Traum erfüllt – auf zu neuen Ufern. Und hin zur Familie: Mit seiner Frau Feli eröffnete Patrick das eigene, gemeinsame Projekt – die *Koch- und Grillacademy*, die in Gütersloh in eigens dafür konzipierten Räumen brät und schmort. „Kreativer kochen" lautet das Stichwort, und darauf ist die Schule ausgerichtet.

Bei allem Grillfanatismus, Patrick lässt sich die feine Küche nicht nehmen – wie Ihr an seinen Gerichten für uns seht. Gleichzeitig schafft er den Spagat zur Umsetzbarkeit: „Die Rezepte sind einfach, lecker und für jedermann geeignet." Nicht anders sieht er es beim Grillgerät: „Ich mag den Spirit E-320. Der ist einfach im Handling." Denn funktionieren müssen Patricks Gerichte – er fachsimpelt nicht nur mit Sterneköchen, sondern spricht auch regelmäßig im Regionalradio über kulinarische Themen.

Koch- und Grillacademy · Gütersloh · www.kreativerkochen.de · info@kreativerkochen.de

MARCO STOLZE

12.05.1975 · Ganz großes Tennis!

Marco Stolze und seine Jungs grillen und kochen nicht nur in der Iller-Factory in Illertissen. Sie schmoren dort auch ganz gern – und zwar mit dem Dutch Oven. In dem lässt sich zudem wunderbar backen – der Birnenkuchen, den sie für uns gezaubert haben, ist dafür der Beweis.

Die Iller-Factory gibt es seit 2016. Chef Marco zeigt seinen Schülern alles, was es am Grill braucht. Sein ganz persönlicher Lieblingsgrill ist und bleibt dabei der SmokeFire von Weber. Damit ist klar: Marco ist nicht auf Kurzgegrilltes begrenzt. Mit seinen Rezepten in Born to Grill zeigt er stattdessen auch dem letzten Grill-Analphabeten, dass es mehr gibt als Wurst, Steak und Gemüsespieß. Zum Beispiel Zanderfilet auf Gemüsebett, Rehrücken in Salzkruste ... Die Gerichte klingen nach großer Küche. Und wir können Euch verraten: So schmecken sie auch! Und diese zarten Rinderbacken erst! Für solche Ergebnisse scheucht Marco sich und seine Mitarbeiter auch mal gern durch die Küche ...

Ohne Fleiß kein Preis – wenn es Marco lockerer nähme, hätte er wohl nie auf Mallorca für Promis wie Angelique Kerber gegrillt. Hat er aber, im Rahmen der Mallorca Open 2018. Events kann er halt. Vor dem Grillen war Marco ja auch Kaufmann und dann Eventmanager und Weber-Promoter.

Iller-Factory · Illertissen · www.iller-factory.de · info@iller-factory.de

ULF
TIETGE
22.02.1976 · Der Ganzjahresgriller

Vor etwas mehr als 20 Jahren ist Ulf Tietge als junger Journalist von Niedersachsen nach Offenburg gezogen. Schwarzwald statt Bommerlunderland und das mit leichtem Gepäck. Eine Matratze und ein Kugelgrill: Mehr war in der ersten Wohnung anfangs nicht zu finden. Hat aber gereicht, denn wer mit einem Grill umgehen kann, der braucht eigentlich gar keine Küche ... Kaffee vom Grill? Geht! Frühstück? Sowieso! Nur Bier kriegt man im Grill halt schlecht heruntergekühlt.

Im Unterschied zu den hauptberuflichen Grillmeistern in diesem Buch grillt und räuchert Ulf vor allem für Freunde und als Privatvergnügen. Mehr wäre zeitlich auch gar nicht möglich, denn Ulf ist Inhaber eines auf Food, Gastro und Genuss spezialisierten Verlags und Herausgeber des Magazins #heimat Schwarzwald. Damit inspirieren Ulf und seine Mannschaft Hobbyköche und Genießer seit 2015. Mehr noch: Gemeinsam gibt man kleinen Genusshandwerkern eine Bühne: nachhaltig denkenden Landwirten, engagierten Winzern, Brauern und Brennern, kleinen Bäckern und Metzgern.

Wenn Ulf mal nicht am Schreibtisch sitzt, dann angelt er. Auf der Ostsee oder vor Norwegen. Oder Forellen im Schwarzwald. Oder er macht sich in der Normandie zu Fuß auf die Jagd nach Muscheln. Entsprechend fischig geht es bei ihm auf seinem Genesis und im großen Räucherschrank zu. Und wenn dann Menschen kommen, die sagen, dass man Muscheln nur in Monaten mit „R" isst, dann antwortet Ulf: „Okay! Aber dann sprechen wir bitte ab sofort von Rai, Runi, Ruli und Raugust ..."

team tietge · Offenburg · www.heimatschwarzwald.de · www.tietge.com · info@tietge.com

GERHARD VOLK

08.12.1965 · Kocholympionike

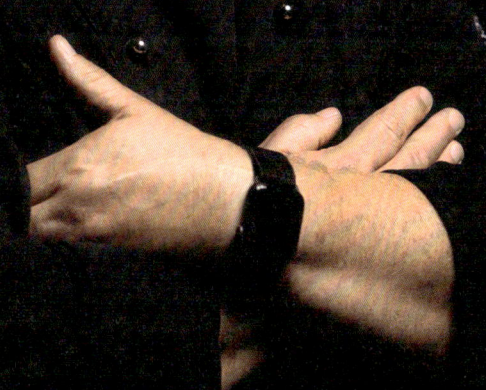

Gerhard Volk am Grill – das ist wie Thomas Gott-schalk bei Wetten, dass...? Eine Idealbesetzung! Gerhard ist immer bestens vorbereitet, nie auf den Mund gefallen und ein bekennender Perfektionist. Fünf Gramm Ei? Aber genau!

Für dieses Buch hat Gerhard Volk mitten in der schlimmsten Phase der Corona-Pandemie in Deutschland die besten Grillmeister Deutschlands zusammengetrommelt. Die meisten hat er selbst ausgebildet und dass seine früheren Schüler jetzt selbst als Kursleiter Weber-Grillakademien leiten, macht ihn schon ein wenig stolz.

In Born to Grill stehen sie neben ihm und Gerhard hat Freude daran, was alle gemeinsam auf den Tel-ler gebracht haben. In Abstimmung mit ihnen hat er auch das Grillschul-Kapitel im Buch geschrieben.

Ihm ist wichtig, dass die Tipps, die er dort wie in seinen Seminaren gibt, auf wissenschaftlichen Er-kenntnissen beruhen. Denn Grillen ist für ihn Kunst und Wissenschaft – nur Zufall ist es nie. Davon zeu-gen seine Erfolge bei der Olympiade der Köche und vielen weiteren Wettbewerben national und inter-national.

Mit dem Youtube-Kanal „#Grill doch einfach" be-glückt Gerhard seine Fans mit Videos und ist eine ständige Bereicherung im Genussmagazin #heimat seines Freundes Ulf Tietge.

In Offenburg betreibt Gerhard seine legendäre Kochschule, in Durbach seine Grillakademie. Zwi-schen den Weinbergen empfängt er Grillschüler von nah und fern. Immer dabei: beste Unterhaltung, herzliche Gastfreundschaft und ganz viel Humor.

Forum Culinaire · Offenburg und Durbach · www.forum-culinaire.de · info@forum-culinaire.de

ROBERTO VENTURINO

28.11.1968 · Glücklichgriller

„Die Kamera liebt mich", scherzt Roberto Venturino, als wir ihn vor unsere Linse stellen. Trotzdem muss sich das Foto diese Seite auch mit etwas Text teilen, denn es gibt einfach so viel mehr, was man über Roberto und seine Starküche wissen muss. Fangen wir doch mal mit dem tollen Team an, das auf so vielfältige Weise mit dem Grill zaubert. „Wir sind ein multikulturelles Team und das überträgt sich auf unseren Stil", sagt Roberto. „Alle lieben diesen Mix – Fusion Kitchen am Grill." Rund 200 Grillkurse geben Roberto und seine Leute im Jahr in Hamburg-Ottensen.

Zum fachlichen Know-how und der geschmacklichen Inspiration gehört dabei immer auch eine gute Portion Entertainment. „Wir sind die Nummer eins bei blöden Sprüchen", scherzt Mitarbeiter Elias. Wie sein Chef benutzt er zum Grillen gern den Weber Spirit. „Das Preis-Leistungs-Verhältnis ist einfach super."

Chef Roberto ist Grillmeister, Koch und – darauf legt er Wert – leidenschaftlicher Pizzaiolo. „Ich brauche die Abwechslung", sagt er, und weiter, frei nach Einstein: „Wissen ist begrenzt, Kreativität ist unendlich." Seine Ausbildung zum Koch hat Roberto, der schon für Stars wie Thomas Müller gegrillt hat, im Restaurant *Zum Alten Rathaus* in Hamburg gemacht. „Selten habe ich Menschen so dankbar erlebt wie nach einem guten Essen."

Starküche · Hamburg · www.starkueche.com · mail@starkueche.com

STEPHAN ZWIKIRSCH

02.05.1987 · Dutch Oven? Ruhrpott! Lecker!

Wenn es über dem Pott lecker riecht und dezent raucht, dann steht Grillmeister Stephan Zwikirsch wieder mal am Grill. Seit 2012 grillt er professionell, seit 2018 mit eigener Grillakademie, der Grillwerkstatt Ruhrgebiet in Herten. Bei Stephan und seinen drei Damen erleben angehende Grillkünstler exotische Gaumenfreuden und die Pott-Klassiker von morgen. Folgerichtig präsentiert er in Born to Grill lang gegarte Maracuja-Ribs mit karibischer Salsa und Pottsteak mit unverwechselbaren Jägermeister-Zwiebeln: „Ich glaube: Diese Gerichte spiegeln meine Grillschule und meine Persönlichkeit am besten wider!" Fußballgrößen wie Ralf Fährmann und Rudi Assauer haben sich das schon schmecken lassen und Oliver Sievers grillt sowieso gern mit seinem Kumpel.

Als echter Ruhrpottler grillt Stephan lieber mit Kohle als mit Gas und mit dem Summit Charcoal. „Ich mag es, wenn man ein Stück Fleisch oder Fisch auf lange Zeit gart und der Geschmack dabei so richtig explodiert. Diese beiden Grills halten die Temperatur sehr lange konstant."

Grillen darf bei Stephan rough und raw sein, Alufolie am Fleisch oder Bier zum Ablöschen kann er aber gar nicht sehen. „Anstatt das Fleisch durch das Bier mit aufgewirbelter Asche zu panieren, packt man lieber den Deckel drauf, um Flammen zu vermeiden. Das kühle Blonde gehört neben den Grill – aber nur zum Trinken."

Grillwerkstatt-Ruhrgebiet · Herten · www.grillwerkstatt-ruhrgebiet.de · info@grillwerkstatt-ruhrgebiet.de

INDEX
A-M

INDEX
N-Z

KÖCHE
VERZEICHNIS

UND WO IHRE REZEPTE UND PORTRÄTS ZU FINDEN SIND

VON ULF TIETGE

UNSER KLEINES NACHTGEBET

GELIEBTER GRILL IM GARTEN,
GESCHLOSSEN WERDE DEIN DECKEL.
DEIN ROST GLÜHE.
DEIN FLEISCH GELINGE,
WIE AUF KOHLE, SO AUF GAS.
UNSER TÄGLICH STEAK GAR UNS HEUTE
UND VERGIB UNS UNSERE UNGEDULD,
WIE AUCH WIR VERGEBEN DEN HUNGRIGEN.
FÜHRE UNS NICHT IN VERSUCHUNG,
SONDERN ERLÖSE UNS VON DEM ABWASCH.
DENN DEIN IST DAS FLEISCH
UND DIE WURST
UND DIE GEMÜTLICHKEIT
IN EWIGKEIT,

AMEN.

IMPRESSUM

HERAUSGEBER Gerhard Volk, Ulf Tietge

1. Auflage · Oktober 2020 · ISBN 978-3-9816148-9-3

© 2020 TIETGE GMBH, Offenburg, www.tietge.com

PROJEKTLEITUNG Thomas Glanzmann

IDEE, KONZEPT & REALISATION Gerhard Volk, Ulf Tietge, Susanne Tietge

REDAKTIONELLE MITARBEIT Barbara Garms, Vanessa Küderle

LEKTORAT Bettina Reichmuth

GESTALTUNG Stefan Hilberer, Susanne Tietge, Franziska Dreher, Kristina Fischer, Peter Pontiggia

FOTOGRAFIE Dimitri Dell, Jigal Fichtner

SHOOTINGS Franziska Dreher, Adrienne Streif

ILLUSTRATIONEN Jay Bird / Janine Kälble

DRUCK Nino Druck · Im Altenschemel 21 · 67435 Neustadt/Wstr. · www.ninodruck.de

BILDNACHWEIS

www.shutterstock.com/janniwet, stockcreations, Anton Chernov, ArtemSh, Alexander Mogilevets, Fortyforks, Nor Gal, Prophoto4, Michael Moloney, Mikhail Valeev, greenmax, VolodymyrSanych, Here, Plateresca, Jacob_09, LUMIKK555, Backgroundy, elena_l, Art Stocker, Sergei Kardashev, Borphy, rachelrichardsphotography, Vesnin_ Sergey, Tendo, GUSAK OLENA, Nataliia Pyzhova, Apostrophe, sergeykot, lucysu, Elovich;
www.stock.adobe.com/Sdecoret, Anselm, KucherAV, Zoltan, Igor Normann, irinagrigorii